お金の未来

山本康正　ジェリー・チー

講談社現代新書
2662

はじめに

激変する「お金」

いま、「お金」が激変しています。

「ビットコイン」「暗号資産」「ブロックチェーン」「ＮＦＴ」といった言葉を耳にする機会が増えたという人も多いでしょう。

サトシ・ナカモトという謎の人物がビットコインを提唱したのは、２００８年のこと。それから十数年で、世界は大きく変わりました。


では、いったい何が変わったのでしょうか。

実は、私たちにとっての「当たり前」が変化しつつあります。

普段使っているお金は果たして最適な形なのか、手数料って必要なのだろうか、給料はなぜ電子マネーではなく毎月現金か振り込みで処理されるように法律で決められているのか……こうした問いを真剣に考えるべきタイミングが到来しているのです。普通に生活しているなかでは、わざわざ立ち止まって考えることがなかった、お金をめぐる常識や仕組みが根底から覆されようとしているわけです。

個人がより力を持つ時代へ

本書は、技術的な前提知識がなくても読むことができます。

いま世界や日本で何が起きているのか、国家や銀行、さらには私たちの生活にどのような影響を及ぼすのか——暗号資産やブロックチェーンやＮＦＴについて、よく聞くけれど実は知らない、ざっくりとでもその意味やインパクトを押さえておきたい、という人が平易に大づかみに理解できるようにお話ししていきます。

本書のタイトルには「お金」とありますが、実はお金だけの話ではありません。信頼とは何か、統治や管理とは何か、そうした社会全体や人間生活のあらゆるシーンにかかわる話でもあります。

詳細は追って話していきますが、キーワードの一つは「非中央集権化（decentralize）」です。

これまで国家や銀行、あるいはＧＡＦＡ（グーグル、アマゾン、フェイスブック〈現Ｍｅｔａ〉、アップル）などの巨大企業が中心として存在し、お金や情報などを集約・管理して莫大な利益を得ている時代が続いてきました。

その状況から、個人がより力を持つことができる時代へと変わりつつあるのだということを実感していただければと思います。

私は東京大学大学院を修了後、アメリカ・ニューヨークの金融機関に勤務しました。その後、ハーバード大学大学院で理学修士号を取得し、グーグルを経て、現在は日米でベンチャー投資に従事し、大学で教鞭を執っています。

リーマンショックが起き、ビットコインが登場した２００８年、私はニューヨークで働いていて、時代の転換点を目にしていました。それでも、ビットコインについては徐々に情報を知るようになり、そこから派生したブロックチェーンやＮＦＴを含めた暗号資産のインパクトはインターネット以来の衝撃だと感じています。

本書では、スタンフォード大学を卒業後、バークレイズ・キャピタル証券やグーグル、世界有数のゲーム会社スーパーセルなどで働かれ、既存金融の実務知識と暗号通貨・暗号資産の世界での動向についてバランスよく把握されているジェリー・チーさんとともに、ソクラテス式対話のように問いと答えを繰り返しながらお金の現在と未来についてお話ししていきたいと思います。

本書の構成

本書の構成は、次のとおりです。

第1章では、お金の世界で何が起きているのか、そもそもお金の役割とは何か、諸外国において暗号資産はどのように受け止められているのか、Web2・0とWeb3の違いなど、現在起きているお金の地殻変動の基本部分を整理します。

第2章は、主にビットコインやブロックチェーンについて。ビットコインはどのような思想のもとで誕生したのか、何度も事件が起きたにもかかわらずなぜビットコインは利用されるのか、ブロックチェーンはどのような仕組みなのか、暗号資産にはどれほどの種類があるのか、ステーブルコインとは何か、国家とステーブルコインの緊張関係など、多岐にわたるトピックを取り上げます。

第3章では、お金や金融の世界に関心がない人でも熱い視線を注いでいるNFTについて、国内外の事例も交えながらその盛り上がりについてお話しします。「Play to Earn（遊びながら稼げるゲーム）」や「メタバース」についても触れていますので、ビットコインやブロックチェーンの仕組みは難しいという方は、この章から読んでいただくとおもしろいと思います。

第4章は、お金のこれからについて。「非中央集権化」の時代とはどういうもので、私たちに何が起こるのか。国家や銀行、産業などがどのように変化していくのか。来る未来について語り尽くします。

山本康正

目　次

第2章　ビットコインとブロックチェーンの革命――57

第3章　大きく盛り上がる「NFT」の世界

第4章　お金の未来　123

用語説明

暗号資産

暗号技術が使われたインターネット上でやりとりできる財産的価値を持つもの

暗号通貨

暗号資産の中で、通貨（お金）の役割を果たすもの

仮想通貨

暗号通貨の同義語としてよく使われているが、暗号を使わないゲーム内通貨を指すこともある。2019年公布、2020年施行の資金決済法・金融商品取引法等の改正によって、行政上の手続きなどにおいては「仮想通貨」から「暗号資産」へと呼称が変更された

ブロックチェーン

誰がいつどのような情報を書き込んだのかを記す「分散型の台帳」を実現する技術（ブロックと呼ばれる単位でデータを管理し、それをチェーンのように連結してデータを保管する技術）

ビットコイン

中央銀行や単一の管理者を持たない世界初の、ブロックチェーンを使う暗号通貨

フィアット通貨（法定通貨）

米ドルやユーロ、日本円など法律によって強制通用力を持つ通貨

ハイパービットコイン化

ビットコインが多くの国で法定通貨に取って代わり、世界でもっとも重要な通貨になること

ステーブルコイン

価格の安定性を実現するように設計された暗号通貨

メタバース

現実世界とは異なる、インターネット上に作られた仮想世界

スマートコントラクト

ブロックチェーン上で契約（プログラム）を自動的に実行する仕組み

イーサリアム

カナダ人のプログラマー、ヴィタリック・ブテリン等が開発したスマートコントラクトブロックチェーン

トークン

既存のブロックチェーン（イーサリアムなど）を利用して発行される暗号資産

NFT

Non-Fungible Token：非代替性トークン。偽造不可能な証明書付のデジタルデータのこと

Web3（ウェブスリー）

ブロックチェーン技術によって実現しつつある、非中央集権のインターネットのあり方・概念

DeFi（ディーファイ）

Decentralized Finance：分散型金融

CBDC

Central Bank Digital Currency：中央銀行デジタル通貨

【免責事項】

本書は、あくまで情報提供を目的としたものであり、投資その他の行動を勧誘するものではありません。各種投資に関する最終決定は、必ずご自身の責任と判断でなさるようにお願いいたします。本書の情報をもとに読者が行った投資行動の結果に関して著者は一切の責任を持ちません。

第1章　お金に何が起きているのか？

いま、お金とは何か？

山本康正（以下：山本）　これから「お金の未来」について話していきたいと思います。毎日のようにビットコインやブロックチェーン、NFTなどについての話題が飛び交っています。なぜこれほど盛り上がっていて、これからどのようになっていくのか。まだ暗号資産に触れたことがない人にも分かりやすく理解できるようにお話ししていければと思います。

　すでに私たちはクレジットカードや決済アプリなど便利な手段を多数持っています。いくつもの選択肢があるにもかかわらず、なぜ暗号資産が広まっているのか。そこを入り口にしていきましょうか。

ジェリー・チー（以下：ジェリー）　まず、暗号資産のメリットを考えてみましょう。例えば、決済が一瞬でできることが挙げられるでしょう。クレジットカードは一瞬で決済されるわけではありません（入金まで数週間かかったりします）が、ビットコインであれば数秒〜数分で決済されますし、いつも数秒以内で決済が終わる暗号資産もあります。銀行などを介さずに自分で管理もできるので非常に便利です。

また、暗号資産での送金は国内外を問わずやり方が同じです。普通の銀行経由で海外送金しようと思えば、煩しい手続きや書類が必要ですし、銀行員によるミスで失敗することもありますし、着金まで数日かかりますが、暗号資産であれば国境は関係ありません。中央銀行や特定の金融機関に依存せずに、お金のやりとりが成立するわけです。

さらには、現実世界のように実名でなく匿名で取引を行うことができます。暗号資産を持つ者はお金の主権を持ち、その取引を金融機関などが阻止しようと思ってもできません。銀行口座やカードで友達に送金しようとする場合、銀行が「これは詐欺だ、マネーロンダリングだ」と判断すれば勝手に阻止できますが、ビットコインやブロックチェーンにおいてはそうではありません。

こうした決済の速さや匿名性などは大きなメリットである一方、一度送金したらもう取り戻せないといったデメリットもあります。

山本 私たちがすでに手にしている手段よりも、さらに便利になっていくわけですね。これまでは銀行など第三者機関・管理者が信頼性を担保して取引を記録してい

既存の集中型システムとブロックチェーン活用型システム

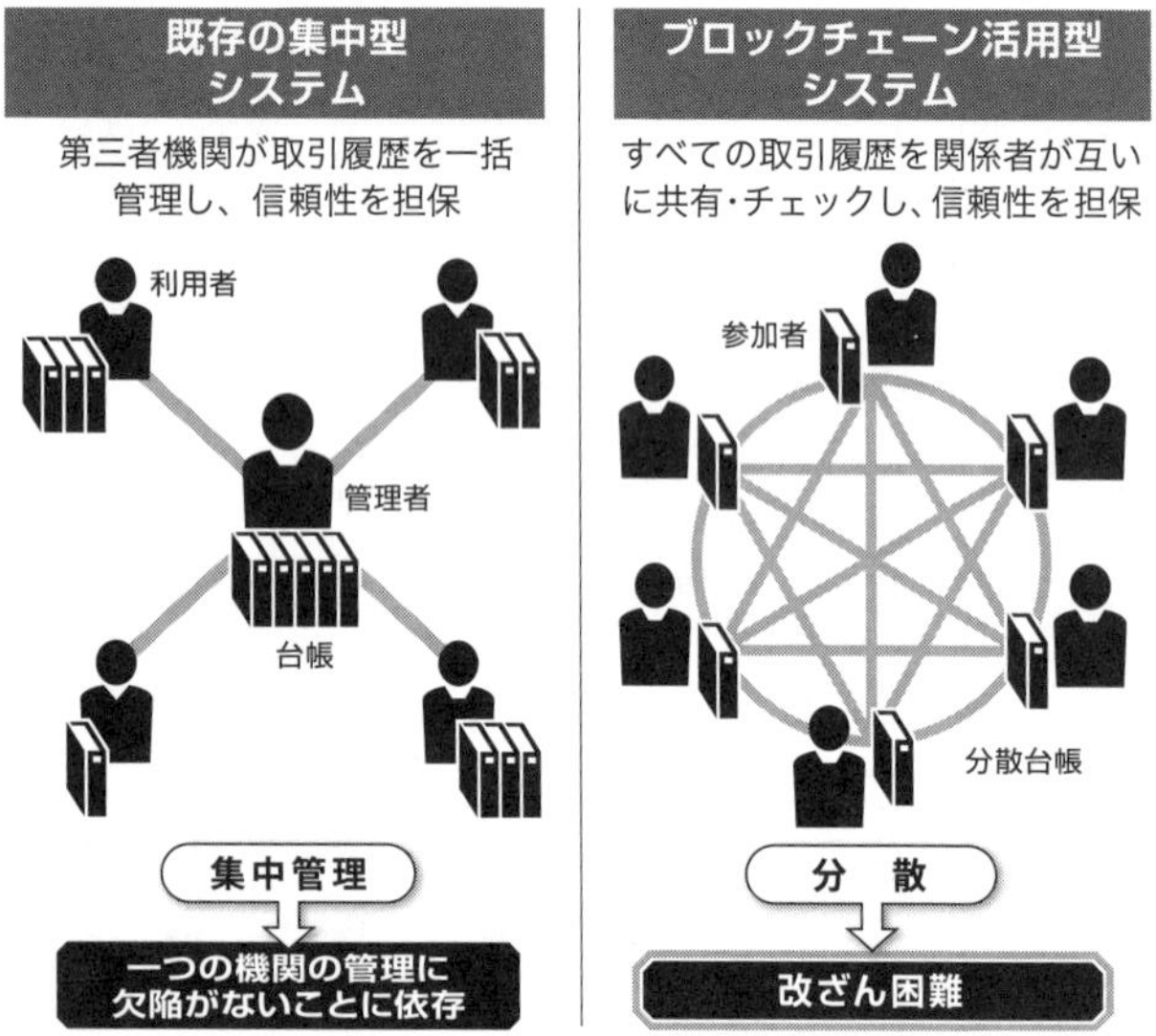

ました。そのあり方がブロックチェーンの登場によって大きく変わっているわけですね。政府や銀行などの中心的な存在なしに、一人ひとり全員が取引履歴を共有する仕組みであると。

ブロックチェーンについては第2章で改めて取り上げますが、簡単に説明すると、誰がいつどのような情報を書き込んだのかを記す「分散型の台帳」を実現する技術のことです。もともとはビットコインを支える技術的基盤として誕生しました。

お金の世界は激変しています

が、ビットコインやブロックチェーンの革新性にピンときていない人も多くいるかもしれません。そうした人は、インターネットのことを思い出していただけたらと思います。1980〜1990年代にインターネットの価値を理解していた人はほとんどいなかったと思いますが、今では大多数の人がその価値を理解していて、当たり前に毎日利用し、恩恵を受けています。

同様に10〜20年後、ビットコインやブロックチェーンが現在とはまったく違う分散型の金融システムを形成し、当然のように多くの人が利用する未来がありえるわけです。

実際、ピュー・リサーチ・センターの調査では、アメリカの18〜29歳の男性の43%が暗号資産を利用したことがある、という結果が出ています。暗号資産に関して何かしら耳にしたことがあるという人は、アメリカの成人男性で8割を超えているそうです。

ジェリー　お金自体や決済の仕組みは大きく変わっていきます。現在は現金やクレジットカード、決済アプリなどが中心ですが、それらよりも得することもあります。

例えば、アメリカでは普通のクレジットカードよりも暗号資産取引プラットフォーム「クリプト・ドット・コム」のクレジットカードのほうが、割引やリワード（還元）などの条件がいいのです。還元の一部は暗号資産の発行から来ています。[*1]

イーロン・マスクが熱狂するワケ

山本　アメリカを見ると、電気自動車企業「テスラ」や宇宙開発企業「スペースX」を率いる世界一の富豪のイーロン・マスクは暗号通貨好きとして知られています。彼のようにビットコインやブロックチェーンに熱狂している人は、近年明らかに増加していますよね。そうした人々は現実世界ではまだ実現していない「理想の世界」を思い描いているように見えます。彼らが共有する世界像とはどういうものでしょうか？

ジェリー　一番のキーワードは、「非中央集権型」でしょうか。加えて、自由や自立といった概念も重要です。政府や中央銀行、企業などが介在することで、厳格な法律や煩雑な手続きや手数料などが存在してきました。本当の意味での自由があまりなかったわけです。

山本　これまでは中央集権型だったので、ある種の介入があったということですね。ユーザー同士で信頼性を担保したり直接取り引きしたりできるようになる世界がすでにやってきていると。

イーロン・マスクは、テスラの電気自動車をビットコインやドージコイン（インターネット・ミーム（冗談）である「ドージ（Doge）」の柴犬をモチーフとした暗号資産）で購入できるようにするといった動きを見せたり、ビットコインを会社の資産として購入したりすることもありましたね。

ジェリー　彼は大手オンライン決済サービス「ペイパル」出身なので、フィンテック（Finance とTechnologyを掛け合わせた造語）のバックグラウンドがあります。加えて、政府や規制や固定観念を良く思っていません。要するに、自由のために革命を起こしたい人な

ドージコインのロゴ

＊1　参照：https://crypto.com/cards

ので、ブロックチェーンの理念に深く共鳴しているのだと思います。

お金の三つの役割

山本　世界的にお金が変わりつつある。暗号資産に熱狂している人が増えている。これは何を意味しているのでしょうか。お金とは何か、なぜこの形のお金を使っているのか、お金はどう変わっていくのか――ここへきて、お金というものが根底から問い直されつつあります。そもそもお金の役割とはなんでしょうか？

ジェリー　大前提として、お金には三つの役割があると言われています。一つ目は「交換・取引手段」、二つ目は「会計や計算の単位」、最後に「価値の保存手段」です。

山本　「交換・取引手段」というのはイメージしやすいですね。普段の生活でお金を何かと交換したり取り引きしたりするのに使うことは多くあると思います。ただ、我々が使っているお金は、そもそも硬貨である必要も中央銀行が発行する紙幣である必要もありません。

日本では１８８２年に日本銀行が設立され、中央銀行の歴史は１４０年くらいし

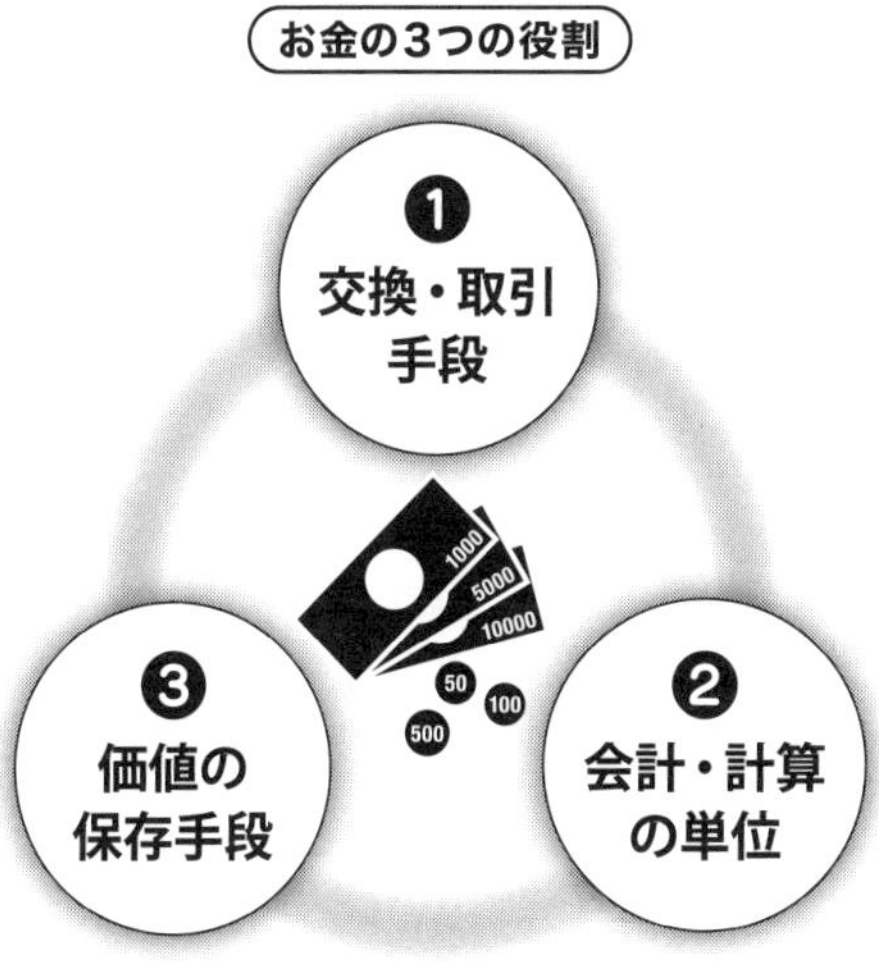

かないのです。流通貨幣については７０８年に和《わ》同《どう》開《かい》珎《ちん》が作られ、１３００年ほどの歴史があります。国家や中央銀行の保証・信用があって成立するのが当たり前だと思っている人も多いかもしれませんが、実はそうではないのです。暗号資産が突きつける根源的な問いの一つはここにあります。

　しかし、果たしてそれが未来を含めてずっとベストな形なのかと問われるとそうではありません。常に改善の余地があり続けます。これだけテクノロジーが進んだ世界でまだ同じものを使っていますが、いまの時代に最適なお金の形とは何か、という問いが出発点になりますね。そうした中で、ブロックチェーンを使った分散型のシステムが生まれている、という現実があるということです。

ジェリー　そのとおりです。「交換・取引手段」について暗号資産は決済が早い、手数料が安い、匿名でできる、誰も妨害できない、といったいくつかのメリットがあります。そのため、これからますます様々な暗号資産での決済は多くなると思います。

山本　法定通貨にも「すでに流通量が豊富にある」とか「間違って払ったときに払い戻せる」といったメリットはあります。法定通貨にも暗号資産にもメリットとデメリットがあるので、相手や状況によって交換手段を選ぶことができる、選択肢が豊かになるほうがいいと思います。

上場企業も暗号資産を買える？

山本　次に、二つ目の「会計や計算の単位」についても考えていきましょう。お金の役割の一つとして、なんとなく分かるようで分からない、具体的にイメージしづらいという人もいるかもしれませんね。

ジェリー　「価値の尺度」とも言いますよね。例えば、日本円を単位として使う場合、納豆巻きが１００円、和牛おにぎりが１５０円だったら、和牛おにぎりが納豆巻きの価値の１・５倍だと分かります。でも、例えばブロックチェーン上における芸術作品の場合、安い芸術作品が０・０１イーサ（ＥＴＨ：イーサリアムというブロックチェーンの主要通貨）、有名な作品が30イーサというように、単位がイーサになっており、価値をイーサで考えることが多いです。

また、企業の財務・会計で暗号資産を扱うのは、２０２０年くらいから動きが本格化してきました。それまではほとんどの企業が暗号資産を購入しようと思っても、バランスシートにどう載せればいいか分からなかったのです。最近では信託・保管[*2]を提供するサービスも増えてきたことで、アメリカなどでは上場企業でも暗号

＊2　企業による暗号資産の保管は、従来の資産の保管と技術的にも法的にも違うので、保管サービスは重要な役割を果たしています。一番単純な保管方法ですと、企業の代表（社長など）が個人で暗号資産ウォレットを持ちますが、そうすると、その人が逃げたりウォレットの鍵を紛失したりするリスクがあるので、より複雑で、複数人が一緒に管理できる仕組みが必要です。

資産を買えるようになってきています（日本では、企業が買えないわけではありませんが、税制の関係で暗号資産を所有することの魅力が比較的少ない）。でも、やはり企業価値を経営陣や投資家が考えるときは、まだ法定通貨に換算しながら考えていますので、暗号資産の計算単位としての使用は、これから普及する余地が大きいですね。

山本　ビットコインやブロックチェーンなど新しいテクノロジーが出てきたときに、既存の会計制度では法定通貨に換算しないとバランスシートに載せることができないんですよね。会計（accounting）とは、何かの状態を説明する（account for）という意味ですから、制度がテクノロジーに追いついていないと説明することが困難です。アメリカでは少しずつ制度が整いはじめているので、暗号資産の可能性も広がっているのです。

ジェリー　また、メタバースやゲームの世界では、計算単位がイーサであるという考え方もあります。現在、多くのブロックチェーン上のアイテムがイーサで取り引きされていて、みんなドルではなくイーサでいくら儲かったかを話しています。例えば、Decentraland（ディセントラランド）というメタバースのバーチャルな土地や洋服をイーサで買うことができますし、テラというブロックチェーンではテラＵＳＤというコインがゲーム内通貨として使われていたりします。

山本　実生活だけではなく、ゲームの中でも暗号資産を使用することが増えていますよね。ゲーム内通貨やコインといったものはこれまでも存在していましたが、わざわざ暗号資産を使う理由はなんですか？

ジェリー　例えば、僕が前に所属していたゲーム会社スーパーセルの「クラッシュ・オブ・クラン」や「クラッシュ・ロワイヤル」では、エメラルドやゴールドという通貨が存在し、それらはゲームの中でしか使えなかったんです。

でも暗号資産をゲーム内で使うと、それはゲームがなくなった後も持ち出すことができるのです。本当の意味で所有することになります。

こうした思想は、イーサリアムブロックチェーンの共同創設者、ヴィタリック・ブテリンが、ブロックチェーンを作ったきっかけにつながってきます。彼が「World of Warcraft」という有名なマルチプレイヤーオンラインゲームで遊んでいたときに、ゲーム開発会社の独断で好きなキャラクターの能力値が突然下がったそうなんです。その出来事があったので、価値が他人によって一方的に毀損《きそん》されることがないように、イーサリアムというプラットフォームを立ち上げたわけです。

中央集権化した体制では、特定のキャラクターが強すぎるから弱くするとかアイテムを削除するとか、ゲーム運営会社がなんでもやりたい放題できます。しかし、ゲーム内アイテムをブロックチェーン上で保存すればもう消すことはできませんし、ゲーム自体の運営が終わってもそのアイテムを保有し続けることができ、いずれは別の第三者のゲームで使うこともできるかもしれません。

また、暗号通貨をゲーム内通貨として使うことも考えられます。ただ、本当に計算単位が暗号通貨に取って代わるかというと、ボラティリティ（価格変動）が激しいこともあり、計算単位としては適していない場合もあります。ステーブルコイン（安定した価格を実現するように設計された暗号通貨）などの安定した通貨もありますが、そのほとんどが米ドルや日本円に連動しているので、内実は米ドルや日本円を計算単位として使うのとそこまで変わらないということになりますね。

山本　ヴィタリック・ブテリンのエピソードからは中央集権型体制の課題が見えてきますね。「所有」するとはどういうことかを問い直すきっかけにもなります。それでも現実的には、法定通貨（日本円など）と暗号資産は長く共存していきそうですよね。

ジェリー　そう思います。暗号資産のユースケース（利用者の要求や利用目的）が増え、利便性も高まり、普及し続けると思いますが、法規制で暗号資産が使えないケースもずっとあるでしょうし、既存の法定通貨を使うインフラや習慣がありますので、それが全てなくなるとは考えにくいです。

ビットコインが安定していく理由

山本　お金の三つ目の役割の「価値の保存手段」についてもお話ししていきましょう。価値の保存手段とは、当たり前のことのようですが、お金の価値はそうそう変わらないので銀行に預けたり金庫にしまったりして貯めておける手段であるというわけですね。

ジェリー　暗号資産がビットコインしかなかった時代には、ビットコインは「交換・取引手段」としての役割が主でした。しかし、手数料が上がったり交換により適している暗号資産が登場したりしたことで、今ではビットコインは「価値の保存手段」としてしか考えられないという人が多いのです。そのため、ビットコインを金《きん》のデジタル版、「デジタルゴールド」として説明することがよくあります。

実は現在の世界において、いい「価値の保存手段」があまりないんです。日本円でも米ドルでもユーロでも銀行口座に預金して保存するのが普通ですよね。利息がゼロに極めて近いですし、最近はインフレーションが進んでいますし、自分が円やドルを持つだけでは自分の資産の価値が減っていくだけです。

フィアット通貨（法定通貨）以外では、金や銀、石油などもありますが、金は物理的に重くて盗難のリスクもあって管理もしづらい。金の上場投資信託（ＥＴＦ）のようなものもありますが、手数料や管理コスト（そして先物型の上場投資信託の場合は先物の買い替えコスト）が発生してしまいます。

こういう状況の中で、ビットコインという手段はどうですか、ということです。今はボラティリティが高く不安定な部分もあるのですが、だんだんと安定していくはずです。

山本　たしかに、ビットコインなどの暗号資産について、不安定なイメージを持っている人も多いかもしれません。ただ、実際に安定してきていて、これからも安定していくと見られていますね。

ジェリー　その理由の一つには「リンディ効果」が挙げられます。長く存在したり使われたりしているものは、評判や信頼性が上がり、引き続き長く存続しやすいという効果のことです。例えば、「100年の歴史を持つ会社は去年できた会社よりは信頼できる」ことが言えるように、ビットコインは13年間ほど存続しているので明日すぐになくなることはない、ということです。

加えて、実際にビットコインのブロックチェーン自体へのハッキングが成功したことが一度もないというのも信頼性を上げている要因かと思います。そして、ビットコインの時価総額が上がれば上がるほど、流動性も良くなり、大きい取引でも価格が左右されにくくなります。また、安定性を求めるなら、ステーブルコイン（安定した価格を実現するように設計された暗号通貨、例えば米ドル連動の暗号通貨）もあります。米ドルや日本円よりステーブルコインのほうが利回りが高く（5～20％）、インフレを上回る利回りをほぼリスクなしにもらえるので、その点も法定通貨より魅力的でしょう。今は頑張って日本円や米ドルの定期預金を探しても利回りがゼロに近いので、どうしてもインフレに負けてしまうような状況です。

山本　法定通貨よりも利回りがいいのには複雑な理由がありますが、読者の方は利回り＝金利といった既存の枠組みで考えようとして、「暗号資産で裁定取引[*3]なんてありえない」「暗号資産は利回りが高すぎるから眉唾ものだ」と思う人も多そうですよね。

ジェリー　そうですね。様々な人に説明しても、「そんなのありえない」と言われます。こうした仕組みを理解するには、自分で手を動かして取り引きしてみるのが早いです。

例えば、銀行の定期預金の利回りの仕組みについて、一般利用者は根本から全て理解しているわけではありませんが、疑問なくその利回りをもらいに行きますので、暗号資産の運用に関しても、１００％理解しなくても、そのベネフィット（恩恵）をもらえます（ただ、詐欺などを避けるための基礎知識は必要です）。そして、どの金融市場も未熟で利益を得やすい時期を経て現在があります。例えばＴＯＰＩＸ（東証株価指数）のインデックスファンドを空売りして、その構成銘柄を買って、裁定取引でほぼリスクなしで利益を得られる時代もありました。

今は暗号資産業界がまだ未熟なので、新しいプロジェクトや仕組みがどんどん出てきて、お金の儲かり方も色々と増えました。

山本　暗号資産の世界では、未熟がゆえに詐欺まがいのものやシットコイン（shitcoin：ひどく質の低い暗号資産）がまだ多く存在するような状況もあります。こんなの誰が買うのかというものを有名人がマーケティングをして、売りつけた後に逃げてしまうというような事件も起きていますね。

ハイリスクなところもありますが、ちゃんと勉強すれば先行者利益もあります。未熟な時期だからこそ、いい意味でありえないようなことができるので、実際に行動して体験してみてほしいですね。

ジェリー　一つのやり方は、自分で投資したりＤｅＦｉ（ディーファイ：分散型金融）をやったりしてみることです。もう一つは、決済アプリのように数タップでビットコイン投資ができるようなサービスが普及しつつあるので、そうしたサービスを利用してほしいです。ネット証券のサービスのようにポチポチと押して利回りがこれくらいか、といったように簡単に使えるサービスももっと出てくるはずです。海外ではすでに誰でも使いやすいウェブサイトで高い利回りを得られるようなサービス

＊3　異なる市場間において同一・同種の価値を持つ商品の価格差を利用する（割安なほうを買い、割高なほうを売る）ことで、ほとんどリスクなしに収益を確定させる取引。

（BlockFi, Nexo, Celsius など）が人気です。

日本はリスクを取れるのか

山本　アメリカは新しいものに対して物怖《ものお》じしない人が多い一方、日本は保守的ですよね。金融庁が海外と比較して過剰に監督して何かあればすぐに処分するようなことになっています。ある意味で日本国民は守られすぎているのかもしれません。

歴史的には日本にとって１９９０年代初めのバブル崩壊が大きかったですよね。さらには２０００年代のＩＴバブル崩壊やリーマンショックやその他の不景気などで非常に痛い目にあって疲弊してしまった感があります。

ジェリー　そうした負の出来事が重なってしまった結果、株や投資に対して怖い印象を持つ人が多いように思います。だから暗号資産についても、また良くない思いをしてしまうのかもしれない、と手を出せない人もいるのでしょうね。

アメリカでは対照的に、金融知識ゼロでも「確定拠出年金（４０１Ｋ）にみんなお金を預けているから私も預けよう」という人がたくさんいます。

山本　「これいいよ」と言われたら少額でとりあえずリスクを取ってやってみるというのはいいですよね。

ジェリー　でも一般のアメリカ人はＳ＆Ｐ５００（大企業の株価指数）など比較的リスクの少ない商品に投資しています。Ｓ＆Ｐ５００はいきなりゼロになったりしないですし、長期的に見れば非常に高い確率で上がりますよね。

山本　知識があまりない人でも投資しているという話はローコード／ノーコードの話に似ていますよね。プログラムの知識がなくても開発できるということで、「ＳａａＳ」（Software as a Service：サース、サービスとしてのソフトウェア）の世界で話題になっていることです。ソースコードを書かずに、特定の商品の売り上げのデータをうまくグラフ化できたりします。

ジェリー　抽象化ということですよね。いろんなサービスや商品は結局、詳しい人は複雑なことをしていますが、一般の人にとっては簡単な説明を受けて最低限の知識だけで参加できることが大切です。

　例えば、不動産購入でも本当は細かいリスクや仕組みがあるけれど、一般の人でも住宅ローンを組んで家を買うことができますよね。その際に不動産会社は日銀の金利政策がどうとか、すべては説明しないじゃないですか。実際に私たちはそれをすべて理解していなくてもサービスを利用しているということですよね。

個人が主権を持ち、エンパワー（力を付与）される革命

ジェリー　日本ではリスクを恐れている人が多いという話がありましたが、最近では暗号資産に対する保険という仕組みを提供するプロジェクトや会社が少しずつ出てきています。暗号資産がハッキングされるのが怖い、リスクが不安だという人に向けて、ハッキングされた場合には金銭補償するということですね。アメリカではそうした議論が進んでいます。

山本　日本でも一般預金の場合、銀行が例えばハッキングなどで破綻したら1000万円まで保護されるという形じゃないですか。暗号資産の世界でもそうした保険があれば、消費者も安心して暗号資産を利用することができますね。

アメリカにおいて暗号資産は、一部の専門家やマニアだけではなく、よく分からないけど儲かるからとか、ＵＩ（ユーザーインターフェース）が使いやすいからという

ことで広まってきています。日本ではなんだか難しそうだということで進んでいないのは、非常にもったいないことです。

現在、日本では楽天証券やＳＢＩグループをはじめ法人側が暗号資産取引所を提供していますが、一般的に個人の多数は金融の最新知識で法人に負けてしまい、おいしいところを取られてしまう。できるなら個人が法人を先回りして、個人がエンパワーされるようになるといいなと思っています。

ジェリー　「フロントランニング」という言葉があります。従来の意味は、証券会社などが顧客の証券の売買の注文を成立させる前に、自分たちで買って儲けるという違法行為のことを指します。従来の社会では、やはり機関（会社など）が利用できる機会が個人より多かったのですが、暗号資産においては個人が機関よりも先に動ける特別なチャンス、比喩的にはフロントランニングのチャンスだと言えるでしょう。特に大企業の動きは遅いので、個人の動きに追いつかないケースも多いです。

山本　個人にとっては珍しい現象ですよね。暗号資産はなんとなく難しいと感じている方でも、個人が力を持てる時代がやってきている、ということをまず知ってほしいです。

ジェリー　それこそがビットコインやブロックチェーンのコミュニティの価値観の一つでもあります。これまで政府や企業が力を持ちすぎて、個人が得られないような利益を得たり、一般人から搾取したりしてきたという見方もありますので、「個人が主権を持ち、エンパワーされる革命を起こしましょう」という考え方が魅力的なわけです。

山本　おっしゃるとおり、ビットコインそのものが既存の金融システムに対する怒りなんですよね。既存の金融システムではリーマンショックのような国際的な金融危機なんかが起こってしまう。金融業が大きくなりすぎた結果、一つのヘッジファンドや金融機関の動向や破綻が金融市場を大きく混乱させることもある。そして、これからも繰り返されてしまうかもしれない。

それならばゼロからもっといいシステムを作ったらいいじゃないか、とビットコイン創設者のサトシ・ナカモト氏の論文からスタートしたわけです。一人（もしくは複数人）の論文から始まり、ビットコイン、ブロックチェーン、ＮＦＴと個人がエンパワーされる環境ができて、世界中の人々が参加しているというロマンがありますよね。

新しいテクノロジーを受け入れることから始まる

山本　また、ビットコインは、インターネットがたどってきた道と似ていますよね。最初はインターネットも「怪しい、匿名の掲示板がある、詐欺の温床だ」とさんざん言われましたが、法制度も遅れて整いつつあり、今ではみんな使っています。あの頃の怪しさはどこに消えたんだろうと不思議に思います。

　私たちは歴史から学ぶことができるのです。新しいテクノロジーが登場したばかりのときにはある程度の胡散臭さが伴うのは当たり前のことです。それが徐々に洗練されて、多くの人が利用するようになります。

　暗号資産についても怪しいと感じたり、不安を感じたりするかもしれません。それでも今のうちから仕組みやインパクトを知っていくことで、多くの利益を享受できるわけです。

　アメリカでは新しいテクノロジーの誕生を歓迎し、ＧＡＦＡなどを例に挙げるまでもなく、世界的なサービスをいくつも生み出してきました。

例えば、ヴィタリック・ブテリンは19歳のときにイーサリアムを作り、2022年現在まだ28歳です。こうした大発明をする新しい世代は、日本ではなかなか生まれてきません。アメリカの著名投資家ピーター・ティールが彼に中退を促したりサポートしたり応援する流れがありました。具体的には、ヴィタリック・ブテリンは大学中退者に10万ドルの支援を行う「Thiel Fellowship（ティール・フェローシップ）」に選出され、暗号資産の世界に全力でコミットすることができました。こうしたことから、日本に足りないものも見えてきそうですね。

ジェリー　まず、暗号資産やブロックチェーンでプロジェクトを立ち上げるには、コンピューター・サイエンスや数学、金融……横断型の知識が必要になります（プロジェクトによりますが）。そもそも日本はコンピューター・サイエンスにおいては、アメリカや中国、インドに比べると人材が圧倒的に少ないです。

また、言語の問題もあります。ブロックチェーンプロジェクトでは、何かを作った後に世界中に広めていくことも重要ですが、日本で作ったソフトウェアは日本で使うことがほとんどなので、世界への発信ということでは大きな課題がありますよね。

最後に、法的にグレーゾーンにあるプロジェクトが多く、それも大きな要因でしょう。アメリカでも米証券取引委員会（SEC）などがどういうブロックチェーンプロジェクトが合法かどうかの基準をまだ明言していませんが、あいまいでリスクがあっても進めています。対照的に日本は金融庁からOKをもらわないと動かない、グレーゾーンだと怖いという人が多い印象です。

山本　新しいものは必ず少数派から始まります。日本の人々も新しいテクノロジーはそういうものだと、リスクを過剰に感じるのではなく、耐性をつけていきたいところですね。教育については日本のように文系理系と分けること自体がナンセンスで、すべての人がテクノロジーを使いこなすための教育が必要だと思います。規制について政府がすぐに対応しないのであれば、個人で国外に出ても新しいテクノロジーをどう取り入れていくのかを考えていくようなことも必要になるでしょう。

ジェリー　多くの人が行動すると運動になっていきます。ビットコインから始まった新しい金融システムは、国境を越えたバーチャル空間で自由に開発も利用もされています。イーサリアムのアプリを作るのに誰の許可も必要ありません。アップルのApp StoreやGoogle Playストアの審査のような手続きもなく、売り上げのコミッション（手数料）を取られることもなく、アプリを自由に出すことができるのです。

山本　プラットフォーマーの許可や審査なくアプリを出すことができるのは革新的です。ただ、あえて問題点を挙げるとすると、悪意のあるものであっても出せてしまうことですね。

ジェリー　アプリの開放は誰も妨害できないので、その点は問題ですね。しかし、解決策もあります。

詐欺のプロジェクトが作られたら、コミュニティが調べて「このチームは胡散臭い」とか「スマートコントラクトコード（アプリのコード）にセキュリティリスクがある」とか「開発者が悪意を持ったらお金を握られてしまう仕組みを使っている」とか指摘していきます。専門的にブロックチェーンアプリのコードチェックをしている会社もたくさんあります（誰でもそのコードを確認できるのは、従来の金融システムと対照的であり、大きなメリットです）。それらが真っ当な指摘であれば、それが広がって詐欺プロジェクトに投資しないようにしようという流れになっていくこともあります。例えば「RugDoc IO」（https://rugdoc.io）ではそういう調査結果や、安全に利用する方法の教育資料が載っています。日本語のコミュニティですと、イールドファーミングラボ（Yield Farming Lab）というDiscord（チャットアプリ）コミュニティが活発です。

DeFiをやっている人はウォレットアドレスやツイッターアカウントがあるので、「このウォレットの人が言ったなら信頼できる」とか「過去何年もいろんなDeFiをやってきた人が言うなら」と、過去の評価の蓄積から匿名でも信頼できるということがあります。[*4]

山本　そうした評価システムができあがっているのはいいですね。

NFTが「希少性」を取り戻す

山本　いまだグレーゾーンの部分もある暗号資産の世界ですが、それでも世界や日本で「NFT」は大きな盛り上がりを見せていますね。第3章で具体的に話していき

＊4　ブロックチェーン上でのウォレット（財布）のアドレス（住所）。例えば、イーサリアム共同創設者のヴィタリック・ブテリンのアドレスは0xAb5801a7D398351b8bE11C439e05C5B3259aeC9Bで、その資産や取引明細はhttps://etherscan.io/address/0xab5801a7d398351b8be11c439e05c5b3259aec9bで見ることができます。もちろん、ウォレット所有者が匿名や偽名で活動することも多いです。

ますが、そもそもNFTとは何か、ということから始めていきましょうか。

ジェリー　英語では「Non-Fungible Token」。略してNFTですね。「トークン」と呼びますが、簡単に言えば、代替不可能な唯一無二[*5]のものであることを証明するデジタル書類のようなものでしょうか。例えば、私がブロックチェーン上で、ある画像を持っているとすれば、他の人はその画像を持つことができないということです。

　実世界に例えると、モナリザはいろんな複製版がありますが、本当のモナリザはパリのルーブル美術館が所蔵するたった一つしかないわけです。当然、本物は価値が高く、代替不可能です。

　これまでインターネットでは音楽でも動画でも絵でもファイル形式で無限にコピーすることができ、希少性の概念が薄くなりました。なんでもコピーできることで、コンテンツのマネタイズが難しいということもありました。それがNFTの隆盛によって、希少性を取り戻し始めているのです。

山本　NFTの技術の土台には何があるのかといえば、ブロックチェーンですね。ブロックチェーン技術があることで、そのデータを識別できます。暗号資産と同じようにブロックチェーン技術を用いて管理することで、偽造や改ざんなどができないということです。

ＮＦＴやビットコインの背景にはブロックチェーンがある。ビットコインがなかったら、ブロックチェーンもこの速度で広がらなかったし、ＮＦＴもこのタイミングで世に出てこなかった、ということですよね。

ジェリー　当初、ビットコインでできることは送金だけでした。そして、イーサリアムは「ワールドコンピューター」という誰でも使えるコンピューター[*6]という思想で、通貨としてはもちろん、コンテンツを保存したり身分を証明したりゲームで遊んだりといった役割まで、ブロックチェーン上でなんでも任意のプログラムを実行できるようになりました。単なる便利なお金ができるというだけでなく、生活の

＊５　同じコンテンツ（例えば画像や楽曲）から複数のＮＦＴを作ることもできます。例えば、ある音楽シングルのＮＦＴを１０００個作ることができます。でも、同じコンテンツでもＮＦＴごとにＩＤが違うので、区別できます。例えば、有名人が所有したことのあるＮＦＴだったら、同じコンテンツで違うＩＤのＮＦＴより価値が高くなる可能性もあります。

＊６　世界各地にあるコンピューターがネットワークに参加し、計算力を提供する。世界の誰でも、報酬（暗号資産）さえ支払えば、その計算力を使い、任意のロジックの計算（商売のための計算やゲームのための計算）ができます。

様々なシーンに影響を与える革命になっていくと思います。

Web3（3・0）の時代

山本　ブロックチェーン技術の盛り上がりを受けて、最近ではWeb3（ウェブスリー）という言葉が話題になることが増えましたね。一つひとつ提唱者が違うので、「次はこれが4・0」だと自分が投資をしているもので提唱したもの勝ちのマーケティング活動の要素も強いですが、Web1・0、Web2・0、Web3、それぞれどういうものなのでしょうか。そして、なぜ今Web3を耳にする機会が増えているのか。それらのことから簡単に整理していきましょう。

ジェリー　Web1・0は文字、写真、リンクがあるような普通の静的Webページしかない時代です。情報の発信者と閲覧者による双方向のやりとりなどがしにくかったです。

対してWeb2・0はフェイスブックとかツイッターなど双方向のコミュニケーションが流動的にでき、UIもダイナミックに変わるようになった時代です。例え

Web2.0とWeb3の違い

	web2.0	web3
力の構造	中央集権型	非中央集権型
信頼	IT企業や銀行を信頼しないと使えない	信頼しなくても使える（トラストレス）
許可	IT企業や銀行の許可が必要	許可なしで使える（パーミッションレス）
ユーザーの所有権・主導権	ない	ある
顧客（ユーザー）の役割	ユーザーは収入源で、チームメンバーでも持ち主でもない。チームメンバーは社員だけ	コミュニティのユーザーが持ち主になったり、チームメンバーのような貢献をしたりすることが多い
ガバナンス（組織の統治）	社長、経営陣、株主	ガバナンス用暗号通貨の持ち主がする場合もある
データの公開	社内で利用し、ほとんど公開しない	ブロックチェーンで公開されている（ただし、プライバシー重視のブロックチェーンもある）
仲介手数料	高い	安い
暗号通貨の使用	まだほとんどない	多数
開発メンバーの匿名性	ほとんど実名	匿名での活動は珍しくない
金融関連ソフトウェアのコード	ほとんど非公開	大部分はオープンソース

ば、他のユーザーの投稿に「いいね！」したりコメントしたりすることができ、それがすぐページに反映されるようになりました。

そして、Ｗｅｂ３はブロックチェーンが可能にした非中央集権型・権力分散型の生態系で、個人に権益やオーナーシップを与えるものです。これはまったく新しいインターネットの時代です。

Ｗｅｂ２・０時代には、ＩＴの大企業が個人情報を利用して得た莫大な利益をユーザーに十分に配分しなかったという見方があります。ソーシャルメディアの会社が批判に晒《さら》されているニュースを見聞きした人もいるかもしれません。

現在のＷｅｂ３の技術を活用したアプリを使えば、ブロックチェーン上でユーザー同士が直接取り引きするため、Ｗｅｂ２・０のように大企業が個人情報を自社データベースに吸い取って自社のために独占的に使うことがあまりできません。Ｗｅｂ３では主にユーザーが利益を得るという点は、革命的というか抜本的な変化です。さきほども述べた「個人が主権を持ち、エンパワーされる」時代と表現してもよいかもしれません。ただ、Ｗｅｂ２・０のやり方もインターネット生態系において重要な役割を果たしているので、Ｗｅｂ２・０とＷｅｂ３は長く共存するでしょう。Ｗｅｂ２・０企業として始まり、Ｗｅｂ３に進出した会社も多々あります。

中国・インドと暗号資産

山本　個人が力を持つというのは良いことのように思いますが、世界中を見てみるとその動きは一面的ではありません。アメリカ政府は経済制裁の一つの手段であるドルでの制裁を回避されることを避けたいということもあり、自国のドルの強さを自ら揺るがすことには慎重で、暗号資産に部分的に賛成、中国は禁止、インドは一時、禁止になるのではないかという動きが見られました。また、スイスやポルトガルの政府は、妨げるような法規制をできるだけ減らし、暗号資産業界を積極的に促進するような動きをしています。国際情勢を考えたら中国は極めて中央集権型の国家で、インドは金融の制度が未発達、そこにＷｅｂ３を放り込むと危険だということが禁止している一因なのでしょうね。

ジェリー　やはりＷｅｂ３、暗号資産、ブロックチェーンは政府から見たらどのようなリスクがどれくらい大きいのか予測するのが難しいのです。中央集権を重視する国ほど、自分たちの権力を個人に移譲することになるのを恐れているのでしょう。だから保守的なやり方で禁止すれば安全だというスタンスなのだと思います。

中国は独裁体制なので特別ですが、民主主義の国でもリスクを恐れています。インドでは2021年11月に暗号資産を禁止する法案を提出するといった話がありましたが、2022年2月に暗号資産への課税とCBDC（中央銀行デジタル通貨）発行の計画を発表し、財務次官が違法ではないという見解を示しました。

山本 共存の道を選びつつあるということですね。

ビットコインを法定通貨にしたエルサルバドル

山本 2021年9月に世界で初めてビットコインを法定通貨にしたエルサルバドルのような国もありますね。日本で例えるなら、円と同じようにビットコインを使う世界になったというようなことです。現状、米ドルとビットコインを併用しているという異例の体制ですが、エルサルバドル政府は公式のビットコインウォレット（ビットコインを保管する電子財布）を設けて、登録者には30ドル相当のビットコインを配付したり、お店などでビットコインでの支払いができるスマホアプリや米ドル紙幣とビットコインを両替できるＡＴＭを導入したりして、ビットコインの利用を推進してきました。エルサルバドルは、世界のどの国よりも先に大胆な動きを見せたわけですが、そこには理由がありますね。

ジェリー　この背景としては、多くの先進国と違って、エルサルバドル国民の多くが銀行システムに含まれておらず、銀行口座自体の普及率が低いことや海外からの送金が多くてその手数料が高いこと、そもそも自国の通貨がなく主権を持たない米ドルを使わざるを得なかったことなど、複合的な理由があります。

山本　銀行口座を持たずに暮らす世界――そうなると、銀行の支店や口座を整備するよりビットコインを法定通貨にしたほうが早くて便利だということですね。エルサルバドルと同じような状況にある新興国では、こうした動きが見られるようになるのかもしれませんね。

ジェリー　まさにいま他の中南米やアフリカの国々も似たような動きを検討しているそうです。全国に銀行を普及させて、一人ひとりに口座を開設してもらうよりは、より新しいテクノロジーを使うビットコインを法定通貨にしたほうが早いですよね。ケニアでは、モバイルアプリ「M-Pesa（エムペサ）」をダウンロードさせることで多くの人が銀行口座を持っていなくても銀行のような機能を使えるようになりました（ただ、エムペサはブロックチェーンではなく中央集権型のサービスで、高い手数料で批判されることもあります）。

テクノロジーやインフラの普及が遅れている国が、しがらみが少ない中、通常進化過程の一部の段階を飛ばし、一気に先進国を追い抜くことができることは、「リープフロッグ現象」と呼ばれています。暗号資産についてもこうした現象は増えていくかもしれません。

山本　最近は、「バイナウ、ペイレーター（Buy Now, Pay Later）」という後払い式の決済手段が拡大していますよね。クレジットカードのように番号をわざわざ入力したりせずに買い物や決済ができるので、後払い式サービスなどでリープフロッグ現象が起きる余地がまだまだありそうです。

ジェリー　アメリカ以外でドルを主要通貨として使っている途上国は、暗号資産や後払い式サービスなど新しい選択肢を求めていると思います。米政府の国内へのドルばらまき政策などの利益を享受できず、インフレで所有のドルの価値が下がるので、デメリットが多いですから。また、2022年2月にロシア中央銀行のドル建て外貨準備がアメリカの意志で凍結されたように、所有するドルが使えなくなるリスクもますます浮上しています。そうなると、アメリカやIMF（国際通貨基金）などへの依存から抜け出したいという思いが強まり、ドルよりいい通貨や、アメリカに依存しない金融システムを求めるのは自然なことだと思います。

山本　こうして先進国や新興国でも暗号資産が盛り上がっており、今や暗号資産は全体で「時価総額が200兆円」という表現をされることがあります。これは公平に評価できているのでしょうか？

ジェリー　住宅を担保に住宅ローンという金融商品を作るのと似たような感じで、一つの暗号資産を担保にもう一つの暗号資産を発行することはよくあるので、ある意味でダブルカウントしている部分もちょっとありますが、その部分を差し引いても時価総額は200兆円に近いと思います（2022年4月時点）。

第2章　ビットコインとブロックチェーンの革命

ビットコインの登場

山本　ビットコインが登場した2008年当時、私はニューヨークで働いていました。ベアー・スターンズが破綻し、ニューヨーク連邦準備銀行がJPモルガン・チェースを経由してベアー・スターンズに129億ドルのつなぎ融資を実施して、最終的にはJPモルガン・チェースによって買収される……そういう時期でした。

三菱UFJフィナンシャル・グループが90億ドルをモルガン・スタンレーに出資した際、日本の金融機関がアメリカの金融機関を買収できるかもしれないという話は大きな話題になりました。まさに時代の転換点でしたね。

そのときぐらいしか弱っているアメリカに良い条件で出資するチャンスはなかったのですが、同時にビットコインが密かに生まれていたのです。メディアにはそんな話はほとんど載っていませんでしたが、それは当然です。新しい動きというのはエンジニアコミュニティなどメディアが気づかないところから口コミでひっそりと始まります。メディアに大きく取り扱われる時点では情報としては遅いのです。

ジェリー　私は２００６年に大学を卒業し、クレジットデリバティブ（債権から派生した金融商品）のトレーダーをしていました。そして２００８年には自分のヘッジファンドというか株式の自己勘定取引の会社をやっていたので、ビットコインのような、既存金融システムの外で生まれた、新しい金融の登場に驚きました。

山本　ビットコインの誕生は、衝撃的なものでした。リーマンショックが起きた２００８年にビットコインも提唱されたということには理由があります。ビットコインはなぜ誕生したのか。歴史的な視点から見ていきましょう。

ジェリー　歴史としては二つの視点があります。一つは金融市場の歴史、もう一つはサイファーパンク（cypherpunk）の歴史です。

山本　金融市場という点において、ビットコインの誕生の背景には、既存のシステムに対する挑戦や不満があります。本当に法定通貨がお金の一番理想的な形なのか。完璧であれば、なぜリーマンショックのような大混乱が起きてしまうのか。なぜ、その金融危機の影響で、一般人は非常に苦しむのに、危機を起こした金融業界の有力者や富裕層はあまり罰せられないのか。再び同様の危機が起きるのではないか。ビットコインの誕生はそうした問いも持っているわけです。実際、法定通貨がデフアクト・スタンダード（事実上の標準）だと思う人は多くいますが、ゼロから考えてみたら完璧ではないことに気づくわけです。

ジェリー　法定通貨については、政府や中央銀行が力を独占しすぎていると考えている人が多いです。例えば、カナダのような民主主義の先進国の政府が、平和的にデモをしていた人々の銀行口座を凍結した結果、彼らが所有するカナダ・ドルが使えなくなったという事件もありました。そして、私が日本に納める税金をビットコインで払いたくても、政府は私に強制的に日本円で納税させるわけです。こうしたことが各国で起きているので、自由や権利が抑圧されていると感じる人には法定通貨について好ましく思わない人もいます。

さらに今では中央銀行や政府の法定通貨の管理の仕方が悪いと見ている人が増えています。アメリカ政府は軍隊や大きい銀行にお金を回しすぎて、本来渡るべき人たちにお金が十分届いていない状況だと。そして、政府が量的緩和（お金の供給を増やすなど）をやりすぎて、国民が所有するドルが高いインフレ率で価値が下がることに対して、大半の国民が反対していても止めることができません。

２０２０～２０２１年の間、たったの２年間でドルのマネーストック（通貨残高）

米ドルのマネーストック（M2）の推移

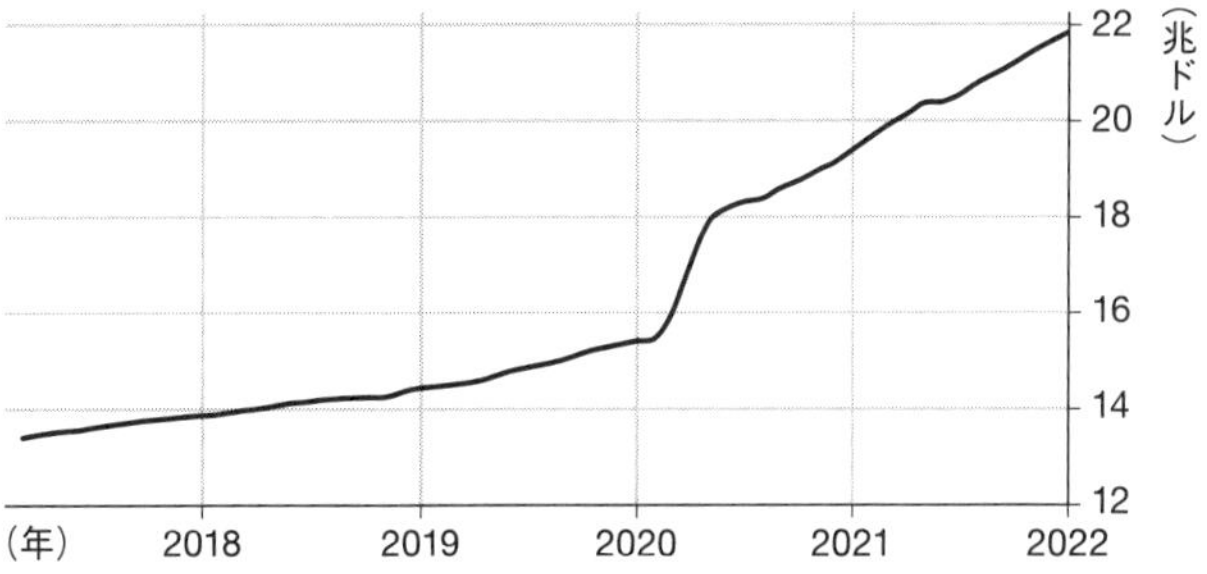

（出典：米連邦準備制度）

が40％ぐらい増加しました。そういうふうにお金を管理する政府が信頼できない、ハイパーインフレに陥るのではないか、といった懸念もあります。対照的に、ビットコインは共有量の上限が決まっており、インフレ率が決まったスケジュールで減速していくだけなので、ハイパーインフレが起こることはまずありえません。

山本　ビットコイン誕生と金融市場の関係を見てきましたが、もう一つの理由にはサイファーパンクの歴史があるということです。サイファーパンクという言葉自体を聞いたことがない人も多いかと思いますが、「サイファー（cypher）」というのは暗号技術のことですね。

ジェリー　ええ。よく混同されますが、「サイバー（cyber）」とは違う意味です。かつて暗号技術

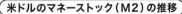

が可能にする理想の世界、個人に自由や主権を与えることが可能だと目覚めて集まったコミュニティがありました。根本的な概念は、公開鍵と秘密鍵の技術です。

一般的には、一つの公開鍵は一つの秘密鍵とセットになります。例えば、政府によっては私が郵便で出した手紙を検閲し、反政府的な内容であれば捕まえることも可能です。しかし、メッセージを受信者の公開鍵で暗号化してから送信すれば、秘密鍵を持つ受信者だけが、暗号化を解いてメッセージを読むことができます。途中で政府や当局が見ても内容が分からないので、誰もが言論の自由を持ち、自由になんでも言えるというわけです。さらに、メッセージや情報だけじゃなくて、価値(お金)を暗号技術で送受信できれば、可能性がもっと広がりますよね。

政府や当局の干渉なしで理想の世界を作りたい人たちのコミュニティがサイファーパンクで、いまだ謎に包まれているサトシ・ナカモトもこのコミュニティから生まれたという説があります。

山本　サトシ・ナカモトと思想があまりにも共通している、ということですよね。

ジェリー　基本的に政府は国民の自由を制約します。完全に自由な状態では統治ができませんから、法律を作って、これはダメ、あれはダメと、制限や監視を増やしていくので、そうした自由を縛られることにうんざりした人たちがサイファーパンクのコミュニティを作ったのです。

山本　ビットコイン誕生の背景には、そうしたコミュニティの存在や思想があり、その当時を振り返ると、ここまで大きくなったというのは、隔世の感がありますね。

ジェリー　こんなに規模や影響が大きくなるとは思わなかったです。僕は２０１３年に初めてビットコインを買ってみました。数十万円分を購入してみた記憶がありますが、半信半疑でしたね。

山本　誰でも新しいものに対してはそういうものですよね。

ジェリー　今のブロックチェーン業界でも最初は半信半疑だった人が多いでしょう。サトシ・ナカモトのビットコイン論文を一度読んだだけではピンとこず、二度読んで人と話したり考えたりして、ようやく何か可能性があるかもしれないと思った人が多いはずです。

山本　新しい技術が出てきたとき、既存の技術の優位性をもって頭ごなしに否定することは意味がありません。それよりも新しい技術が持ち得る社会へのインパクトを、別の専門性を持つ誰かと対話や議論をして徐々に仕組みや意味を理解していくことが重要です。それによって、新しい可能性の視点を見出すことがあるからです。

ブロックチェーンの仕組み

山本　ここまで何度も出てきたブロックチェーンについては、ざっくりとでも理解することは非常に大事になりますね。ブロックチェーンはもともとビットコインを支える技術として登場したわけですが、第1章ではごく簡単に、どの参加者がいつどのような情報を書き込んだのかを記す「分散型の台帳」を実現する技術であると説明しました。

ジェリー　ブロックチェーンは、多くのコンピューターを使う分散データベース、コンピューターネットワーク、そして暗号技術を組み合わせたものです。ブロックというのは、取引などのデータのひとくくりです。僕は『Blockchain for Babies』という絵本を持っているんですが、それを引用すると、例えば、あるもの（お金や芸術作品を代表するデータ）をAさんがコンピューターで所有するとします。ブロックチェーンなしでは、Aさんはインターネットでそのものを複数の受信者、Bさんにも

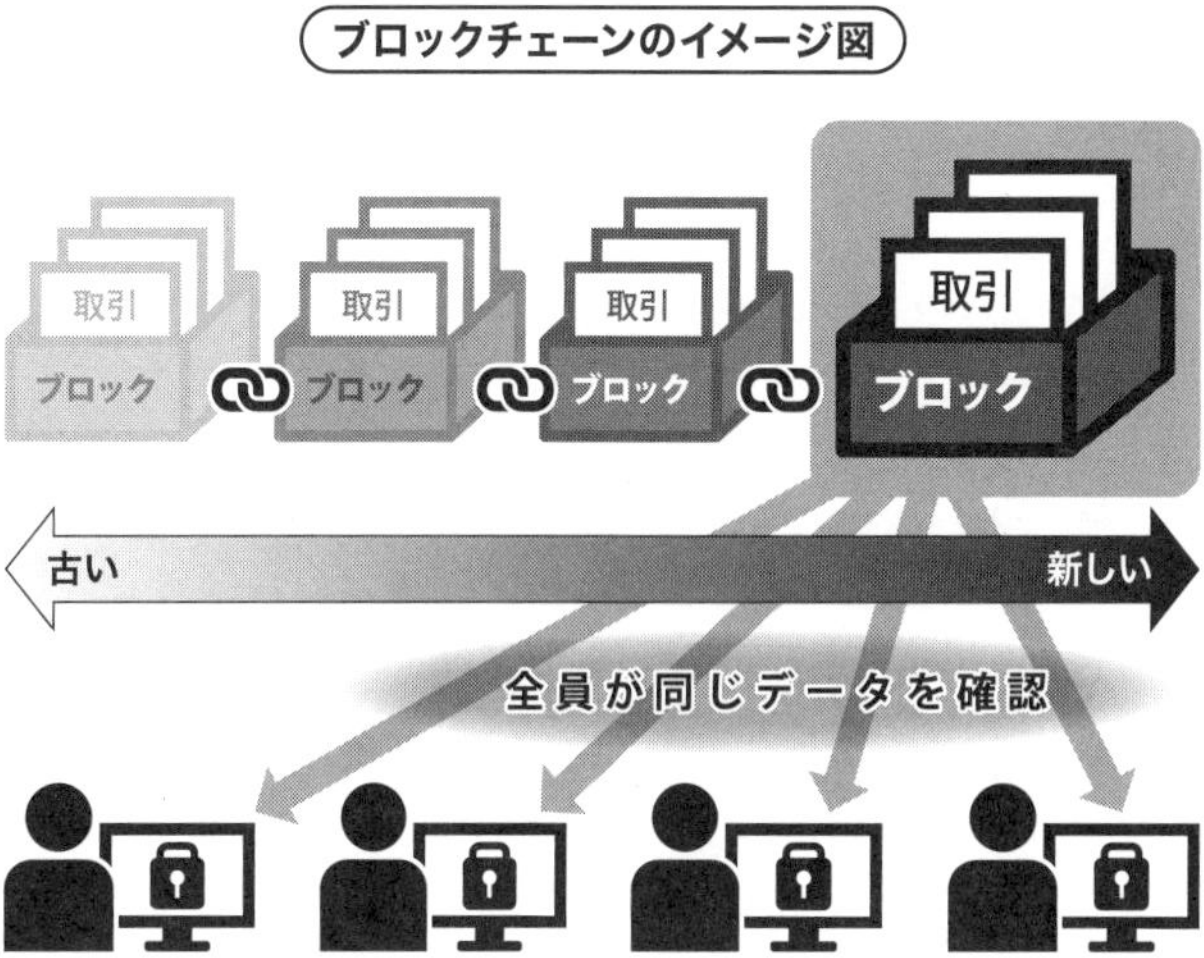

Cさんにも送信することができますが、ブロックチェーンだと、それができません。すなわち、ダブルスペンド（同じお金を複数回使うこと）ができません。すでにAさんからBさんに譲渡したものを、AさんからCさんに譲渡できないような仕組みです。そして、何がいつ譲渡されたかという記録は永遠にブロックチェーンに残り、削除することができません。

ブロックチェーンのセキュリティ（ハッキングや悪意のある行動を防ぐ能力）を担保する方法は色々ありますが、ビットコインのセキュリティを説明すると、マイナー（miner：比喩的に「採掘者」）という人たちがデータのブロックチェーンへの書き込みと正確性確認の作業をすると同時に、コンピューターの計算力をたくさん使い、力ずくでしか解けない数学問題も解かないといけない仕組みです。最初に数学問題の正解を見つけた（計算競争に勝った）人にビットコインの報酬が支払われます。悪意を持ったマイナーがわざと間違った記録を書くことは数学的な仕組みで防止されています。そして、計算力を使わない人はブロックチェーンに影響できません。これはProof of Work（プルーフ・オブ・ワーク、作業した証明）、すなわち、たくさんの計算をしたという証明になります。こういうブロックチェーンを攻撃してダブルスペンド（不正）したい場合、ネットワーク全体の半分以上の計算力を使うことが必要です。ビットコインの場合、こういう「51％攻撃」を行うのに恐らく1兆円以上のコスト（そして特別なハードウェアを調達する手間）がかかるので、攻撃は非常に難しいです。これによって、管理者がいなくとも取引偽造を防ぐことができ、安全性が保たれているのです。

山本　計算をするために大量の電力が使われるということですね。この仕組みは、ビットコインだけではなくて、暗号資産市場の時価総額で第2位のイーサリアムも使っていますが、気候変動やＳＤＧｓ（Sustainable Development Goals：持続可能な開発目標）

の観点からも問題がありそうですね。

ジェリー　これでは地球の環境に悪いという理由もあって、イーサリアムは「プルーフ・オブ・ステーク（Proof of Stake）」[*7]という仕組みに移行することが2022年後半に予定されています。この仕組みは自分がどれだけ電力を消費したかを証明の根拠にする代わりに、自分がどれだけ金融資産を保有しているかによって自分のブロックチェーンに対する影響度が決まります。

イーサリアムでは、多くのイーサ（イーサリアムの通貨）を持つ人が、ある取引が正確であるという投票ができ、自分の金融資産に比例して投票権がもらえるという仕組みになります。セキュリティを破って不正のダブルスペンドをしようと思え

＊7　プルーフ・オブ・ステーク：暗号資産の取引や送金のデータのどれが正しいか、ブロックチェーンネットワークの各サーバー（コンピューター）が合意できる仕組みの一つです。世界初の暗号資産であるビットコインには採用されていませんが、他の多くの暗号資産で採用されています。プルーフ・オブ・ステーク（掛け金の証明）という言葉が示すとおり、その暗号資産の掛け金、すなわち保有量が多いほど、データのかたまりであるブロックをブロックチェーンにつなぐ役割を得やすくなります。

ば、全体の3分の2を超える資産を持たないといけないのですが、仮にセキュリティが破られたらイーサの価格は暴落して加害者は損をするので、そうしたい人はいないでしょう（3分の1を超える資産ではブロックチェーンを止めることはできますが、ダブルスペンドはできません）。

山本　投票権や株式の仕組みに似ていますよね。3分の1を取れば拒否権があるなど、民主主義や資本主義の意思決定のシステムをうまくイーサリアムに取り込んでいます。株式も3分の1を買い占めると特別決議について拒否権があり、議決権の3分の2以上を取ったら重要事項の決議を単独で成立させることができる。プルーフ・オブ・ステークは現実社会のシステムのようでもあるので、イメージしやすいかもしれません。

ビットコイン・ブロックチェーンで使われるプルーフ・オブ・ワークと、脱炭素にも対応したプルーフ・オブ・ステークがあり、後者を採用することで電力消費量が減少するというわけですね。気候変動に関する懸念点は、近い将来解消されていく可能性がありますね。

暗号資産の種類

山本　これまでビットコイン、イーサリアムと出てきましたが、暗号資産やブロックチェーンは世界中で日々増えていますよね。いったいどれくらい種類があるのでしょうか？

ジェリー　正直、ちょっと複雑ですが、できるだけ簡単に説明しましょう。

まずご理解いただきたいのは、ほとんどのブロックチェーンには、いわゆるネイティブ通貨があります。そのブロックチェーン固有のもので、ブロックチェーンの基本的な働きに使われるものです。ビットコインというブロックチェーンには、ビットコインというネイティブ通貨があります（名前が同じで混同しやすいですが）。イーサリアムというブロックチェーンにはイーサというネイティブ通貨があります。

数え切れないぐらいの暗号資産の種類がありますが、大まかには、

・保有と送金しかできない、通貨の役割だけを果たすもの。ビットコイン、ライトコイン（Litecoin）、ビットコインキャッシュなど。
・スマートコントラクトブロックチェーン（ワールドコンピューター）のネイティブ通貨。イーサリアムのイーサ（Ether：ETH）、ソラナのSOL、アバランチのAVAXなど。送金だけでなく、プルーフ・オブ・ステークでブロックチェーンのセキュリティに使ったり、スマートコントラクトの中で使ったり（例えばイーサを担保にローンを借り入れる）することもできます。
・ミームコイン。ミーム（meme）というのは、インターネットで流行る概念やメディア（画像、動画、流行語など）のことです。ただのギャグに過ぎないと思われがちですが、大衆にとって分かりやすくて親しみやすく、柴犬の画像などを使うドージコインやShiba Inuトークンが兆円単位の時価総額になりました。
・プロジェクトのガバナンストークン。一般的にはイーサリアム等の上で発行され、そのトークンの所有者は投票などでそのプロジェクトの開発方針などに影響を及ぼすことができます。先述のように株主総会で株主が投票するのと少し似ています。

・ステーブルコイン（安定した価格を実現するように設計された暗号通貨）。これについては後で話します。

・NFT（非代替性トークン）。これについても後述します。

……といったようなものがあります。また、複数の種類の要素を組み合わせた暗号資産もあります。もちろん日々多くの暗号通貨が生まれ、消えていっています。

また、ブロックチェーンの進化の中では、「スケーラビリティ・トリレンマ」ということがよく話されます。三つの項目、スケーラビリティ（取引数などシステム規模の増加に対応できるか）、セキュリティ（安全性）、非中央集権化をすべて満たすのが難しいということです。スケーラビリティを増やそうと思えばもっと中央集権型になってしまうなど、理論的には別の項目を犠牲にしないといけない。

最近では、暗号技術や分散処理技術の進化、アルゴリズムの進化、ゼロ知識証明[*8]（ゼロ・ナレッジ・プルーフ）などの発明によって、全部満たせると主張するブロックチェーンも出てきていますが、「あなたたちは非中央集権型じゃない」「こっちのほうが非中央集権型だ」「あなたたちのセキュリティの定義が間違っているのでこっちのほうが安全性が高い」とか批判し合っているような状況です。でも、全体的には、技術は早いペースで進化しています。

マウントゴックス破綻

山本　今では数多くの種類が存在し、暗号資産は海外で盛り上がっているように感じるかもしれませんが、実は日本が進んでいた時期もあるのですよね。

２０１４年には当時世界最大のビットコイン取引所だったマウントゴックスが破綻したことを覚えている方もいるでしょう。まず、世界最大の取引所が日本にあった、というのが驚きですよね。

ジェリー　もともとはマジック：ザ・ギャザリングというトレーディングカードのオンライン交換所を開発・運営していた会社でした。その後、ビットコイン取引所に乗り出し、世界のビットコイン取引量の70％ぐらいを占めるほどになりました。

山本　そこまで成長した企業がハッキングで破綻という結末を迎えたのは衝撃でした。その背景を見ていきましょう。

ジェリー　当時の暗号資産業界は現在より遥かに未熟なものでした。

本来、セキュリティのために、すぐには使わないビットコインをインターネットに接続していないコールドウォレットに入れておくべきなのに、常時接続されているホットウォレットに入れたままにしてしまった。インターネットに接続されているので不正アクセスも可能になり、セキュリティが甘かったわけです。

ちなみに、僕は当時マウントゴックスを利用していたので、破綻事件の被害者でもあります。今年か来年、盗まれなかった部分が少し返ってくる予定です。

山本　ジェリーさんは被害者の一人だったのですね。当時よりビットコインの価格は値上がりしていますから、返済額も増えるのでしょうか？

ジェリー　そうです。被害額より返済額が多いのは異例だったというのもあって裁判

＊8　ゼロ知識証明：ある人が他の人に、自分が言っていることが真であることを伝えるのに、真であること以外のなんの知識も伝えることなく、暗号技術で証明できるようなやりとりの手法。例えば、誕生日や年齢を伝えずに「私は成人です」と証明したり、資産や収入を伝えずに「私は住宅ローンの条件を満たせる」と証明したりできます。ゼロ知識証明でデータ量を圧縮できる場合もあるので、ブロックチェーンのスケーラビリティにも使えます。

も長引きました。２０１４年から8年くらい経ちますが、まだ返ってきていません。

ビットコインが再び息を吹き返した理由

山本　当時、暗号資産の世界では衝撃的な事件だったわけですが、現在もビットコインは存在しています。一度信頼や価値が低下したと言ってもいいはずですが、ビットコインは再び息を吹き返すことになりました。

ジェリー　コミュニティや信者がいる限り、価値はゼロにはなりません。ビットコインの理念や思想を伝えたい人がそのときも多くいたということでしょう。

山本　そもそもお金とは、その価値を信じている人がいるから価値があるというものですよね。日本の1万円札は製造コストが約30円で、その30円を引いた９９７０円の価値があるとみんなが信じているということになりますよね。

ジェリー　通貨というのは信じているからこそ価値があるとされている、コミュニティがあり信者がいるということです。日本円を信じているなら、日本政府を信じていることになり、ビットコインを信じているなら、ビットコインコミュニティを信じているということになりますね。でも、違いがあります。国の政府は中央集権型で、ビットコインは非中央集権型です。

山本　さきほどのお話にもあったように、現状、数え切れないほどの暗号資産が出てきています。そうした中で、ビットコインが残っている理由を見ていきましょうか。

ジェリー　それにはいくつか理由があります。

一つは、ファーストムーバーアドバンテージ。最初に動いたものが有利であり、多くの利益を享受できるという考え方です。サトシ・ナカモトが最初の提唱者であり、代替不可能なストーリーがあり、多くの人が信じるに値したということです。名前も分かりやすく、知名度の高まりも続きやすいです。

二つ目の理由は、さきほど述べたリンディ効果。長く使われているから長く使われ続けるということですね。

最後に一番重要なのは、ビットコイン以上の分散化は再現できないということです。例えば、私が明日からジェリーチェーンとそのネイティブ通貨であるジェリーコインを発行するとしましょう。それを分散型にしたいので世界中の1000万人に配りたいと思っても、新しいブロックチェーンのウォレットを作ってもらうために一人ひとり説得するのは現実的には難しいです。他にも、友達に少しずつあげていくといったやり方でもビットコインほど分散はできません。ビットコインは、ブロックチェーンがあまり知られていない時代から、自然に世界中の多くの人々の手に渡ってきました。ビットコインほど分散されている暗号資産は今後もおそらくないでしょう。

山本　そう考えると、ビットコインに次いで時価総額が高いイーサリアムは健闘していますね。NFTが盛り上がってくると、ビットコインが駆逐される可能性についても話題に上ることがあるかもしれません。ただ実際のところ、ビットコインとイーサリアムは用途が違うので、競合せずに共存していくという見方が妥当でしょうね。

ビットコインの価格はどのように変わるか

山本　次に、ビットコインの価格はどう変わるのかについて話していきましょう。

ジェリー　色々な予測方法がありますが、一つの有名なモデルは「Stock-to-Flowモデ

ビットコインのStock-to-Flowモデル

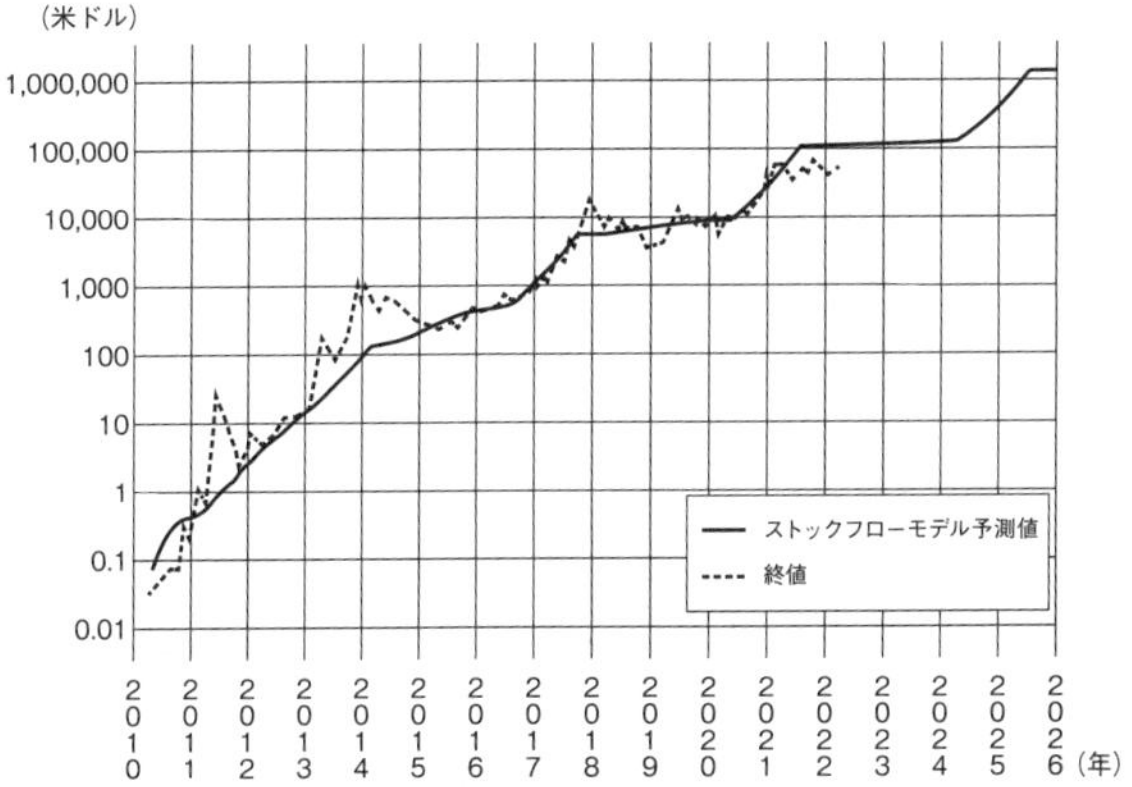

（出典：Buy Bitcoin Worldwide）

ル」です。ストック（既存の量）とフロー（時間当たりに「流れる」量、すなわち新しく発行される量）の比率から将来の価値を予想するというものです。貴金属などにも使われる指標です。

ビットコインは2100万枚という上限があるため、時間が経つにつれ時間当たりの発行量が減る仕組みになっており、価値が上がっていきやすいです。過去10年間くらいこのモデルが割と正しかったです。今後の価格予測は様々ですが、ゴールドマン・サックスをはじめ、一部の銀行やアナリストはビットコインが近い将来に10万ドルに到達すると予測しており、アメリカのアーク・インベストメント・マネジメントの創業者、キャシー・ウッドは２０３０年までに１００万ドルに到達すると大胆な予測をしています。２０２１年秋には７万ドル近くまで上昇しましたが、最近は３万～４万ドル台で推移しています。

ビットコインは需要と供給のバランスが重要で、４年ごとに半減期（マイニング報酬が半分になるタイミング）が訪れていて、供給が減速していく一方で需要が高まっているのです。需要については、最初はＩＴに詳しい人たちやサイファーパンクの理念に共感する人たちが買っていましたが、徐々に一般消費者が購入するようになり、さらには機関投資家や政府も参入しはじめました。

現状、まだ価格変動が株式市場と連動しているところもあるので、株価が暴落して投資家たちがリスクを避けるモードに入るとビットコインも落ちるという相関関係はあります。ただ、時間が経つにつれて、その関係は弱まっていくのではないかと考えられています。

山本　そもそも人はなぜビットコインを買うのか、ということを考えていきましょう。なんとなく上がっているから買う、これからも買う人がいるから買うということでしょうか。オランダのチューリップ市場のバブル（17世紀）もありましたが、

「高値づかみ」というババ抜きに近い要素も警戒はしないといけませんね。

ジェリー　需要が拡大するだろうという期待に基づいて買っている人は多いと思います。個人が機関より先に投資できるというのは、すごくいいチャンスです。この世界では会社や政府が強すぎて一般人がそれらに比べて不利なケースがたくさんありますが、ビットコインについては個人投資家がチャンスをつかむことができます。

山本　個人が法人や機関より素早く動くことができる、個人がエンパワーされる、ということは消費者保護とのバランスもありますが、テクノロジーの普及においては「民主化」という言葉が鍵になるように重要なポイントです。

ジェリー　そうですね。ビットコインのコミュニティの自由や主権を重んじる理念や価値観に共感する人は、自然にビットコインを買いたくなると思います。ただ、まだ購入方法が難しいと感じて買わない人もいますので、これからはワンタップで買えるようなアプリが増えたり、既存のアプリやサービスがもっと暗号資産サービスに進出したりすると、さらにビットコインの需要が高まり、その立場は揺るぎないものになっていくでしょうね。実際、興味はあるけど買い方が分からなかったような潜在需要を捉えるサービスが最近では多く出てくるようになってきました。[*9]

日本でいえば、２０２１年12月にＳＢＩグループが個人投資家でも買える暗号資産ファンドを作りましたし、ビットコイン先物ＥＴＦがニューヨーク証券取引所に上場しました。日本でも一般の株式口座でビットコイン投資ができるようになれば、多くの人にとって身近になるのかもしれません。

また、ハイパービットコイン化の可能性もあります。ハイパービットコイン化とは、世界の法定通貨の多くが崩壊してあまり使われなくなり、ビットコインがそれに取って代わるということです。今、円を使っていますが、みんながビットコインを使うような世界ですね。もちろん、その場合、ビットコインの価格は天文学的な数字になります。それがユートピアだと思っている人もいますが、現実的にはディストピアですよね。実際のところ、早くビットコインを買った人以外の人はおそらくほとんど、自分が持っている通貨や資産の価値が暴落し、痛い目を見ることになります。何十億人も経済的に苦しむことになるので、ハイパービットコイン化はあまりいいものではないかもしれません。

ステーブルコインとは何か？

山本　ビットコインは長らくボラティリティ（価格変動）が激しいという問題がありました。だから、なんだかリスクがありそうというイメージを持つ人もいたかもしれません。そうした中で登場したのが、安定した価格を実現するように設計された「ステーブルコイン」です。

ジェリー　ステーブルコインには、大まかに3種類あります。

一つ目は、法定通貨担保型です。日本円や米ドルをある会社が所有して、それを担保に米ドル連動の暗号通貨を発行する形です。

いちばん有名で残高が大きい例は、「テザー（USDT）」や「USDコイン（USDC）」といったものです。これのいいところは、担保されているから安心という点

＊9　例えば、アメリカの支払いアプリであるペイパル（PayPal）とキャッシュアップ（Cash App）、そしてネット証券アプリであるロビンフッド（Robinhood）で最近ビットコインなどの暗号資産が買えるようになりました。

で、もし本当にきちんと担保されていれば価値は1ドルより下がることはあまりなさそうです。

テザー（ＵＳＤＴ）は本当にちゃんと担保されているのか怪しいという見方もあるそうですが、ＵＳＤコイン（ＵＳＤＣ）は法規制を厳しく守って監査や資産の確認もされていて、これだけ発行しても問題ないということが知られています。それらの批判されるところは、結局ステーブルコインを発行する会社に中央集権化してしまうということです。この点がビットコインの思想に反するという意見も見られます。

二つ目は、暗号資産担保型です。有名なのは「ＤＡＩ（漢字の「貸」の中国語読みにちなんだと言われている）や「ＭＩＭ（Magic Internet Money）」などがあります。

ＤＡＩはイーサリアムのイーサなどを担保に発行できるというものです。しかし、ＤＡＩは一部ＵＳＤＣを担保に発行することもあるので、結局ＵＳＤＣを発行するサークル（Circle）社に依存するのではないかという批判もあります。

最後は、無担保（または部分的に担保がある）アルゴリズム型ステーブルコインです。アルゴリズムによって価格が決まるというものです。一番有名なのは「テラＵＳＤ（TerraUSD）」です。ＭＩＭとテラＵＳＤというのは１００％非中央集権化されています。現実世界の通貨や資産とは直接の関係がなく、会社や政府の独断で誰かがこれらの通貨を使えなくなることはない、その理念を優先しているステーブルコインです。

これについて、担保がないのになんで価値があるの？　と疑問に思う人もいるかもしれません。ありえないという声も多いんですが、実際に失敗したアルゴリズム型ステーブルコインも多くあり、ローンチ後、数週間で価値がゼロになったものもあります。しかし、米ドル連動のテラＵＳＤは２０２２年３月に時価総額が１６０億ドルを超えました。

山本　テラＵＳＤが他と違って価値を維持できた仕組みとは何だったのでしょうか。

ジェリー　まずはテラＵＳＤのユースケースを作ります。すなわち、いろんなＤｅＦｉ（分散型金融）プロジェクトやブロックチェーンでも使えるようにします。ペッグ（ドルへの連動）を維持するメカニズムは、もう一つの暗号資産、ＬＵＮＡに依存します。ＬＵＮＡがボラティリティ（価格変動）を吸収することによって、テラＵＳＤは安定性を維持できます。例えばテラＵＳＤの価格が１ドルから０・９９ドルあたりになったら、裁定機会（価格リスクなしで利益を得る機会）が生じます。その場合、

米ドルステーブルコインの時価総額の推移

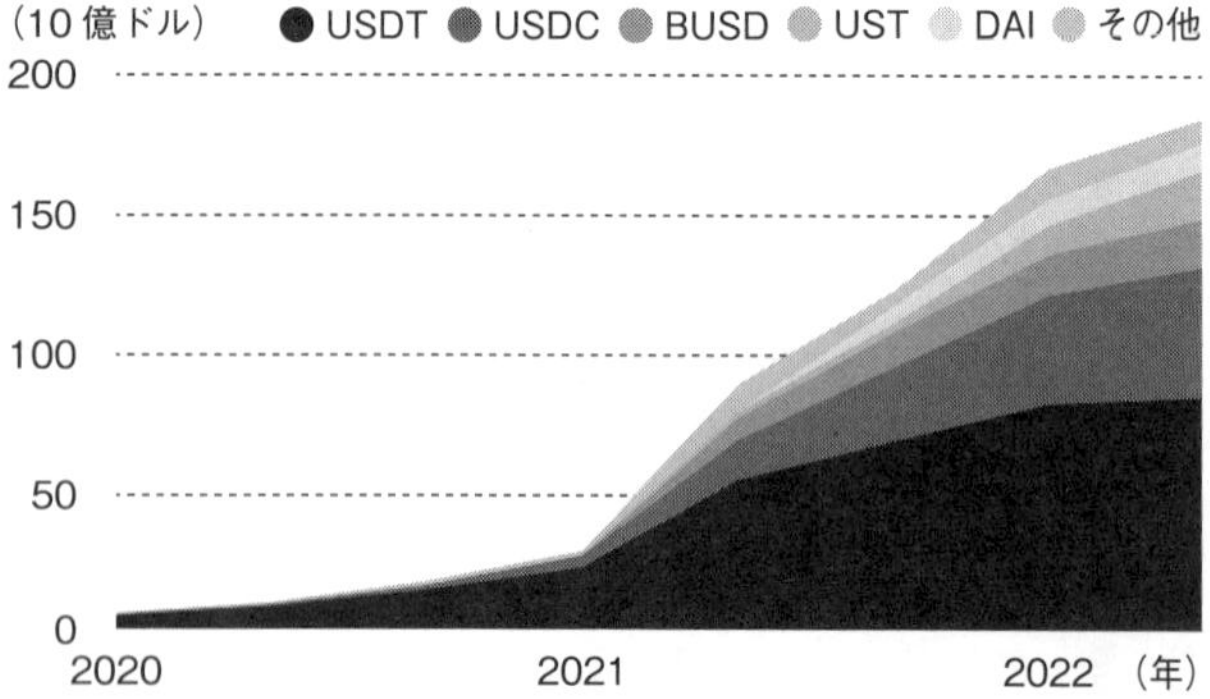

（出典：The Block、Coin Metrics）

取引所で0・99ドルを使って1テラUSDを購入し、そしてそれをテラのプロトコル（ルール）で1ドル分のLUNAに変換し、そしてそのLUNAを取引所で売却したら、0・01ドルの利益を誰でも得られます。その裁定機会を利用するためにテラUSDを買う人が出てくるので、自然にテラUSDの価格は1ドルに戻ります。[*10] いまLUNAの時価総額が4兆円ぐらい（2022年3月時点）ですが、これがゼロにならない限り、テラUSDのペッグも維持できるはずです。

　テラUSDのペッグを本当に永遠に維持できるか不安だという声もありますので、ペッグを失う（ドルに連動しなくなる）リスクをさらに減らすために、今年からテラＵＳＤは、担保としてビットコインを使い始め、部分担保型ステーブルコインになりました。それに効果があって、使っている人が多ければ多いほど、ステーブルコインが長く存在すればするほど、それに対する信頼が高まって崩壊する確率も減っていきます。

山本　３種類のステーブルコインはそれぞれどれくらいの割合を占めているのでしょうか？　やはり法定通貨担保型は一番利用者が多そうですよね。

ジェリー　法定通貨担保型が８割ぐらいを占めており、暗号資産担保型とアルゴリズム型が１割ぐらいずつを占めています。でも、非中央集権化を促進したい人もたくさんいて、法定通貨担保型のシェアが下がる傾向にあります。

また、これらのハイブリッド型も存在します。最初の70％は担保型で残りの30％は無担保型の仕組みを使っているとか、例えばペッグがちゃんと維持できていれば担保の比率を減らしていったり、維持が難しければ担保の比率を上げていったりするようなものもあります。デメリットとしては担保のためのお金が必要になるの

＊10　テラＵＳＤの価格安定性の仕組みの説明動画：https://www.youtube.com/watch?v=KqpGMoYZMhY&t=72s

で、資金効率が悪くなることでしょうか。
あとは、まだ時価総額が低いですが、金に連動するステーブルコインや分散型組織が決めるインフレ指数に連動するようなステーブルコインもありますね。

ステーブルコインのインパクト

山本　こうしたステーブルコインの登場は、暗号資産の世界ではどのようなインパクトがあったのでしょうか？

ジェリー　まず、暗号資産の取引所に巨大なインパクトを与えました。現在、世界の取引所の売買高を見ると、ステーブルコインとのペアの売買高が一番多いという状況です。ビットコイン対ドル、ビットコイン対円の売買高よりも、ビットコイン対USDT（米ドル連動のステーブルコイン）のペアが一番売買されているのです。ステーブルコインが存在しなかったら、ビットコインやイーサリアムの価格もこんなに上がってこなかったという見解もあります。

山本　米ドルを調達するよりステーブルコインのほうが調達しやすい状況が生まれて

いると。それだけステーブルコインにはメリットがあるということですね。

ジェリー　ステーブルコインのほうが調達しやすい理由の一つは、ユーザーや取引所としては、煩雑な銀行手続きをしなくてもよく、暗号資産の世界だけで完結するメリットがあるからです。もう一つは、ステーブルコインが存在することで、これまでやりづらかった取引や送金がしやすくなったことが挙げられます。

例えば、ブロックチェーン上で給料を支払うことができます。仮に私がウェブデザイナーだとして、毎月の報酬として1ビットコインとかで5000ドル分のビットコインをもらうという契約としたときに、レート換算が面倒だと感じますが、毎月5000USDCをもらうということであれば価格変動リスクもドル換算の煩わしさもなく安心できるし、ドルをもらうのとほぼ同じです。そして、急激な変動で損失したくない人にとって、ステーブルコインを貸し付けてリワードや利息をもらうのは定期預金や銀行預金などのコンセプトに近いし安心できます。つまり、ステーブルコインは暗号資産の取引にもDeFiにもいろんなユースケースに使えるということです。

また、先物の担保（マージン）として、1万ドル分のステーブルコインで100万ドル分のビットコイン先物を買うこともできます。従来の先物やオプションが米ドルを担保に取り引きされているのと似ています。

山本 ビットコインには価格変動があって、やりにくいからステーブルコインで取り引きすることになったら、いろんな使い方が出てきて、先物取引関連にも使われているということですね。金融におけるデリバティブ（派生商品）が発展した歴史に似ていますね。ちなみにデリバティブについては江戸時代の大坂（大阪）の堂島米市場が世界初の大規模なデリバティブの市場だったと言われています。合理性を突き詰めて考え、行動をとり続ければ、知らない間に世界に先駆けることができるという示唆があります。このステーブルコインなどの暗号資産の取引においても可能性はありますね。

国家vs.ステーブルコイン

山本 ステーブルコインについては、フェイスブック（現Ｍｅｔａ）が主導して作ろうとした「リブラ」が有名ですね。その後、米国会がなかなか通してくれなくて「ディエム」と名前を変えたものの、代表が辞めたりした結果、発行自体を断念するという結末を迎えました。

ジェリー　ステーブルコインについては、国からの懸念が大きいです。ステーブルコインは既存の暗号資産の中では、もっとも法定通貨に近い存在です。もし法定通貨の代替になるようなことがあれば、政府にとっては力が減少してしまうことを意味します。従来よりも人々の経済活動をコントロールできなくなる恐れがあるということですね。

例えば、日本円や米ドルがどれだけ流通しているかは、連邦銀行や日本銀行が決めますが、ステーブルコインを政府がコントロールしていないと、（自分の国に存在しないような）第三者が勝手に発行する可能性もあります。

すると、どうなるでしょうか。政府がコントロールできない形で日本円に連動する通貨が増えるとインフレが起こるかもしれない。日本円の代わりに普及した通貨を大勢が使うようになって、政府がコントロールできないのであれば、ステーブルコインが多すぎて減らすといったことは従来に比べてやりにくくなるでしょう。そして、従来の金融システム（銀行や証券会社）なしでステーブルコインを使えるなら、金融関連の法律の執行や犯罪予防も従来のやり方ではしにくくなります（ただ、ブロックチェーンで使える新しい執行方法や調査方法も色々あり、ブロックチェーン上の取引がすべて公に見えると逆に犯罪を調べやすいケースもたくさんあります）。

山本　Ｍｅｔａのような国家を超えるレベルの巨大企業がステーブルコインを発行しようとすると、政府はなおさら警戒しますよね。

ジェリー　Ｍｅｔａはすでに莫大な資金とデータを持っていて、国民の考えを左右できるほどのプラットフォームなので、そうした会社がより多くの機密金融データを集め、お金の需給バランスや経済にこれ以上影響を与えることができるようになると、国民の利益よりも自社の利益のためにステーブルコインの仕組みを利用するのではないかと、国としては怖いと感じるのでしょう。

ただ、いろんな論点があって、ステーブルコイン（現状ほとんどドル建て）のメリットとして、アメリカ政府から見て世界的にドルがメインの通貨であり続けることに貢献するので、アメリカにとってはいいことだという考え方もあります。

山本　アメリカでは国家対ステーブルコインといった構図が議論されているわけですが、日本においてもステーブルコインをめぐる動きが出てきていますよね。

ジェリー　三つのメガバンクや70以上の企業・団体が参加する「デジタル通貨フォーラム」が開発している日本円連動型のステーブルコイン「DCJPY（仮称）」は、2022年にも実用化される見込みです。そして、JPY Coin（JPYC）はJPYC株式会社から発行されており、DeFiでも使われています。ちなみにJPYC株式会社は、2021年にUSDCを発行するサークル社からも資金調達しました。

ステーブルコインの動きは興味深いですが懸念点もあります。例えば、一番規模が大きなUSDTは担保されているはずですが、本当は担保を持っていないのではないかと。

そうした疑念もあるので、担保が足りないとバレて通貨が1ドルの価値を保てなくなったらすべての暗号資産市場が混乱に陥って、多くの取引所はしばらく大惨事になると思います。

事件が続いた日本

山本　日本ではマウントゴックス破綻後、2018年にコインチェック事件が起こりました。この件もコールドウォレットとホットウォレットの話でした。

いろんな暗号資産保管業者がいたわけですが、インターネット発の企業と金融機関から派生した業者とではセキュリティの度合いが違っていました。コインチェックの場合はもともと別のインターネット事業をやっていましたが、儲かるからコインチェック事業に乗り出して、当時ＣＭを多く打っていて、広告を出せば出すほど儲かるという状態でした。

あるとき、中国でビットコインの取引が制限されるとなったときに、日本での取引がものすごく増え、中国の人々が日本で取引をしていて日本での取引の半分以上を占めていたようなこともありました。そんなときにコインチェック事件が起き、マーケットが冷えることになったのです。

そこからコインチェックはマネックスグループに買収され粛々とトレーディングを続けていく中で、アメリカを中心に現在の盛り上がりや、ウクライナ情勢により取引が活発に起こっていて、日本はそれを追いかけているような状況です。

マウントゴックス事件からコインチェック事件くらいまでは日本の規制の整備は早かったので、シンガポールから日本に拠点を移すような業者もありました。しかし、その後、許認可制などいろんな規制が増え、自由度という意味ではそこまで先端的ではなくなりました。
　結局、アメリカのコインベースという取引所がナスダックに上場して、時価総額は一時1120億ドル（約12兆2000億円）にもなりました。対照的に日本は暗号資産のいいところを活用できないまま今の状態に至っていますね。日本では暗号資産交換業者の上場が難しいという理由もあり、コインチェックはアメリカの証券取引所のナスダックにSPACという手段で上場する計画を発表しています。

ジェリー　そのとおりですね。マウントゴックス、コインチェックと事件が続いて、金融当局絡みで暗号資産は危ないから厳しくしないとさらに被害者が出てくるだろうと規制を設けて、日本の暗号資産やブロックチェーン業界の成長スピードが遅くなったことはあると思います。
　しかし、日本がアメリカに遅れているのは規制の問題だけではありません。アメリカはマウントゴックス事件くらいの時期にはまだブロックチェーンや暗号通貨にそこまで目覚めていなかったように思います。その後、Web3とかブロックチェーン技術が様々な形で開発できると気づきはじめてから、アメリカで多くの優秀な人材がWeb2・0企業からWeb3企業に転職しました。

山本　日本ではそうしたエンジニアなどの人材もまだまだ少ない状況ですね。日本は規制面と人材面、どちらについても大きな課題を抱えている。

ジェリー　ええ。マウントゴックスとコインチェックの事件について、前者はセキュリティがすごく甘くて、後者は当時、成長が速すぎるあまりセキュリティ管理に力を十分に注がなかったという、急成長中のスタートアップによくあるような問題が起きました。採用や開発などで忙しくて、セキュリティを強化するための人材が足りず、起こるべくして起こった事件だったと言えるかもしれません。

それでも、こうした事件から業界は学び、同じようなセキュリティのミスが起こらないように、政府も規制を作ったり、企業もよりいい取引所を作ったりしてきました。今では国内外に良質な取引所が多くあるので、自然な成長プロセスを踏んできたと言えるかもしれません。マウントゴックス事件やコインチェック事件があったからこそ教訓があったという見方もできます。

日本はなぜ世界に遅れるのか

ジェリー　日本はこうした事件があったことで、残念ながらアメリカや韓国には大きく遅れを取っています。２０２１年のChainalysis社のGlobal Crypto Adoption Index（世界暗号資産導入指標）のランキングでは、アメリカが8位、日本が82位でした。さきほど述べたように、理由として規制と税制が挙げられます。

山本　規制に関しては、アメリカではベンチャーキャピタルのアンドリーセン・ホロウィッツが米商品先物取引委員会（ＣＦＴＣ）の元委員長を採用したり、議会の勉強会で発表したりするといった動きもありました。刻一刻と状況が変わる暗号資産の規制をめぐる状況に対応するにあたってこうした動きは重要ですよね。でも、日本では新しいものをつぶすような動きのほうが盛んなので残念です。

ジェリー　アメリカでは政策や規制に取り組みつつ、暗号資産やブロックチェーンが生み出す新しい生態系と共存していくような流れになっていますね。例えば、バイデン政権が最近発表した行政命令には、暗号資産イノベーションの促進も含まれています。こうした点で日本は遅れています。

もう一つの課題として、言語やＩＴリテラシーの壁があります。

例えばＤｅＦｉを使おうと思えば、英語も理解して平均以上のコンピュータースキルがないと使いづらいケースが多いです。ブロックチェーン関連の開発においても、ユーザーとして利用することにおいても、ブロックチェーンやＤｅＦｉはグローバルなもので、一つのプロジェクトがローンチされたらバーチャル空間にあるので誰がどの国にいるのかなど関係ありません。そういう空間の中では当然、英語ができる人、ＩＴリテラシーが高い人が優位性を持っているのです。

例えば、典型的なＮＦＴやＤｅＦｉのプロジェクトですと、プロジェクトがローンチされるときはDiscordサーバー（チャットグループ）が立ち上がって、そこでいろんな議論が行われるんですが、ほとんどの議論が英語で、日本語チャンネルがあっても情報のほとんどが翻訳されません。

でも今後もっと一般の日本人向けのサービスやプロダクトが出てくると思うので、日本人で英語ができなくても簡単に参加できる環境ができてくるのではないかと思います。それでも開発においては、やはり英語ができないと遅れを取ってしまうという現実があります。

山本　日本はビットコインやブロックチェーンへの対応は早かったのに、Ｗｅｂ３についてては大きく遅れを取っている。これはもったいないですよね。自民党の平将明衆議院議員などはこれからの成長戦略の柱として取り扱おうとしており、個人からの動きは出てきているようには思えますが。

ビットコイン、暗号通貨の流れが来てせっかく盛り上がったのに、ハッキング事件で悪いイメージがついてしまって、これからＷｅｂ自体が大きく変わっていくときに速度を失ってしまっているという現状があります。２０２２年３月にも暗号資産を活用したゲーム「Axie Infinity（アクシー・インフィニティ）」が約７５０億円のハッキング被害を受けましたが、海外よりも日本のほうが相対的に強い規制に動く可能性があります。

ジェリー　本当に残念なことです。どうにかして活性化できたらいいですね。日本ブロックチェーン協会の政策提言や自民党デジタル社会推進本部のＮＦＴ政策検討プロジェクトチーム[*11]などがあり、今後政策が改善される希望はあるかと。

山本　そういう中で、希望があるとすればＮＦＴですね。暗号資産の話ではビットコインやブロックチェーン、ステーブルコインなどいろんな用語が飛び交う中で、NFTについては「よく分からないけれど、おもしろいらしい」と興味を持ちやすいことで日本でも広がってきているように思います。

ジェリー　多くの人にとって、NFTを始めて楽しむハードルは低いので、ビットコインやブロックチェーンは難しいと思っている人でも、NFTにハマってみたら他のブロックチェーン系も試してみようかとなるかもしれません。

NFTはトレーディングカードのようなところもあるので、おもしろさが分かりやすいですよ。トレカが好きな人はひとまずトレカのデジタル版だと理解してみるとどんどんNFTを買う人も増えていき、そこからいろいろなブロックチェーン関連の活動にも興味が広がっていくかもしれません。

＊11　平将明衆議院議員が座長のプロジェクトチーム。その事務局次長を担う塩崎彰久衆議院議員は「Web3担当大臣」の設置を提言したりしています。

第３章　大きく盛り上がる「ＮＦＴ」の世界

一つのデジタル作品が75億円？

山本　ビットコインやブロックチェーンにピンと来ていない人でもＮＦＴに魅力を感じている人が多くいるように思います。ＮＦＴとは日本語で「非代替性トークン」と訳されます。偽造不可能な証明書付のデジタルデータ、つまりそれが取引履歴を通じて識別できるデータのことです。

ジェリー　ＮＦＴに関する大きな出来事といえば、２０２１年3月に大手オークションハウスChristie's（クリスティーズ）において、Beeple（ビープル）というアーティストのＮＦＴ作品が約６９００万ドル（約75億円）で落札されたということがありました。

山本　５０００点の作品を一つの画像にまとめたものですが、クリスティーズがそうしたデジタルアセットの入札を認め、それに75億円の値がついたというのは、大きなインパクトがありましたね。入札者がＮＦＴファンドの創業者なので、マッチポンプと言われる可能性もあるのですが、一番の起爆剤になったことは確かです。衝撃的な出来事で多くのメディアが取り上げたので、知っている人もいるかもしれません。

ジャック・ドーシーの最初のツイート

jack
@jack
just setting up my twttr
午前5:50 · 2006年3月22日 · Twitter Web Client
12.1万 件のリツイート　1.8万 件の引用ツイート　17.4万 件のいいね

ジェリー　ビープルのニュース以前は、ブロックチェーンに興味がない人はほとんどＮＦＴのことを聞いたことがなかったと思います。この75億円という金額は、存命のアーティストのオークション落札金額としては歴代3番目に高額だったということも衝撃の要因だと思います。

　ちょうど同じ時期には、ツイッター共同創業者として知られるジャック・ドーシーの最初のツイート（“just setting up my twttr”）が約291万ドル（約3億円）で落札されたことも大きな話題になりました。一つのツイートなので、誰もが閲覧できますし、リツイートや「いいね」もできるわけですが、その所有権にこれほどの価値がつくわけです。そして、その1ヵ月後、Bored Ape Yacht Club（ＢＡＹＣ）という1万枚の猿の絵のＮＦＴ作品が発売されましたが、いまでは多くの有名人（マドンナ、ジャスティン・ビーバー、パリス・ヒルトン、ネイマール等）が所有しており、非常に特別なコミュニティになっています。いまは一番安いBAYCのNFTでも4000万円ぐらいなので、コレクション全体の時価総額は4000億円を超えているわけです。

こうした話題が広がった結果、NFTに芸能人やスポーツ選手、ミュージシャンなども参入し、大きな盛り上がりを見せています。

山本　すっかりNFTはメジャーになりましたよね。ただ、世間的にはブロックチェーンで動いていることはあまり知られていないかもしれません。そうした技術的な仕組みや背景はよく知らないけれど、NFTはおもしろそうだと感じる人が増えていきました。興味を持つこと自体はとてもいいことだと思います。デジタル上の資産を証明するようなものができたという認識が広がり、深く知っていくと実はブロックチェーンで動いていた──そんなイメージで2021年に爆発的に広がりました。

NFTのキャッチーさを知ってもらうには、「CryptoKitties」（クリプトキティーズ）がいい例になるかもしれません。

ジェリー　クリプトキティーズはデジタルの猫を集めて取り引きするゲームです。か

取引所別のNFT売買高のトレンド

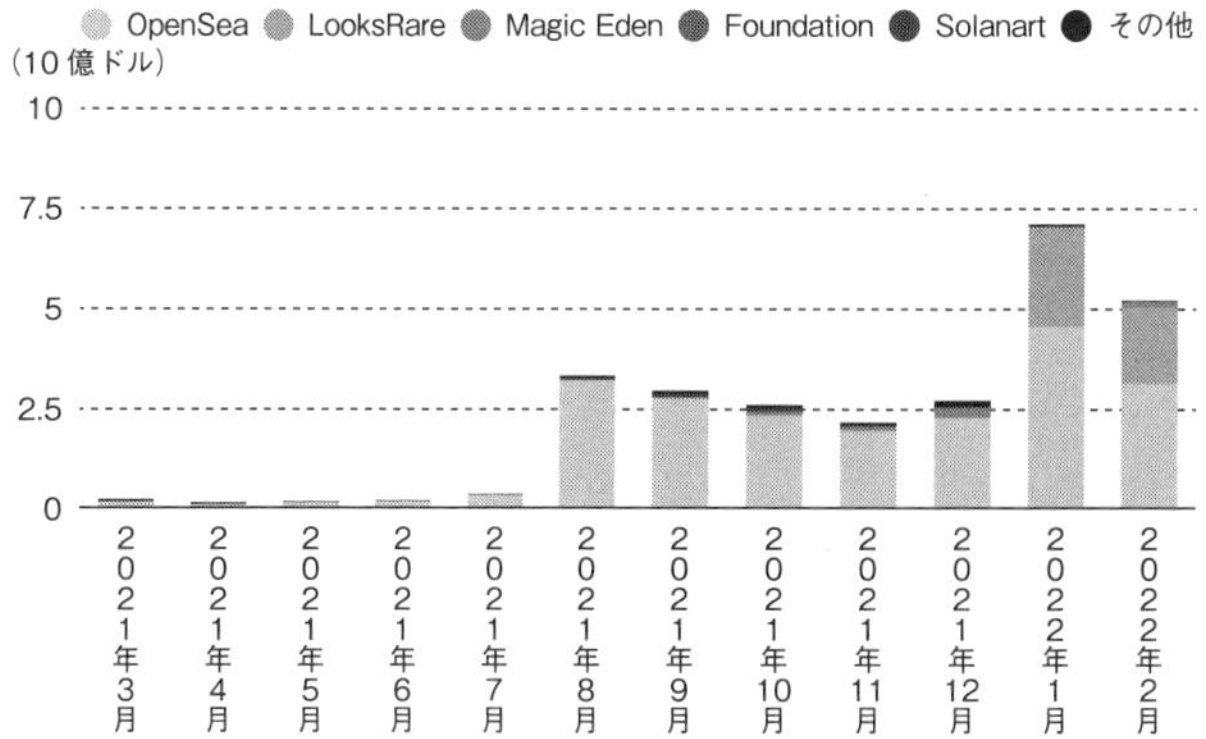

（出典：The Block Research）

わいい猫をただ集めるだけでも楽しいし、2匹の猫からもう1匹を産ませることもできたりします。クリプトキティーズはブロックチェーン上でのゲームとしては初めてヒットしたものでしょう。

それまでブロックチェーンはただの送金手段のようなイメージでしたが、クリプトキティーズがゲームやアートなどもブロックチェーン上で作れたり遊べたりすることを提示したことで、ブロックチェーンに対する考え方を変えるきっかけになりました。

山本　クリプトキティーズ開発元のDapper Labsは、「NBA Top Shot」というＮＢＡのハイライト動画ＮＦＴが購入できたり

CryptoKitties

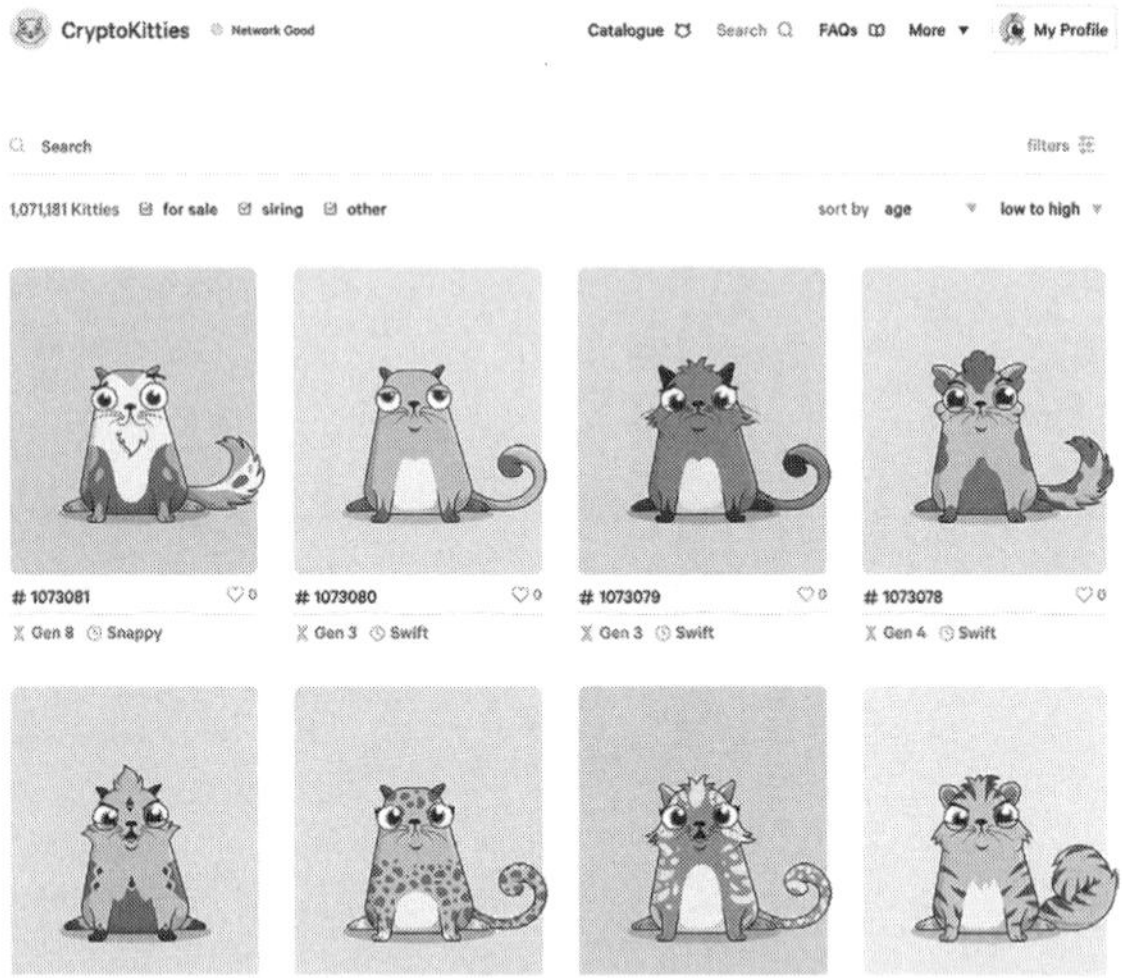

取り引きできたりするサービスを運営していて、一つの動画が数千万円で取り引きされたりしています。クリプトキティーズから始まり、それを様々なことに応用しはじめています。

ジェリー　「NBA Top Shot」も起爆剤となりましたね。多くのNBAのファンたちがクレジットカードでNFTを買えるということで、大成功しました。ブロックチェーンのソフトやウォレットを購入しなくても、普通にウェブサイトを使えてクレジットカードを所有する人なら誰でも買えるので、ネットで買い物をする感覚でＮＦＴを利用できるというのは大きかったと思います。

日本のプロ野球の名場面をＮＦＴに！

山本　ＮＦＴであるかどうかなど気にせずに買えるというのは、大きいですよね。

日本でもこれに近いサービスは始まっています。手前味噌で恐縮ですが、私が技術アドバイザーをしているパシフィックリーグマーケティング株式会社（パ・リーグ6球団の共同出資会社）は株式会社メルカリと、パ・リーグ6球団の名場面やメモリアルシーンをコレクションできる「パ・リーグ Exciting Moments β」というサービスを作りました。

アメリカで一番人気のスポーツがバスケットボールなら、日本では野球だろうということで座組みを提案しました。あの感動場面をもう一度見たいという野球ファンがＮＦＴを買うことができるので、興味を持つ層の広さに注目しています。

これまではテレビ局などが動画の所有権を持っていましたが、過去の動画でうまくマネタイズができていませんでした。新型コロナで野球の観客数も減って収益が低迷している中で、使われていなかった歴史的な資産を活用して、ＮＦＴで球場外でもプロ野球を応援していこうという流れです。

プロ野球だけでなく甲子園での高校野球でもできることだと思いますし、球場外の応援はどんどんやっていくべきでしょうね。同様の発想を異なる産業に転換すれば、アニメの名場面をＮＦＴ化するようなサービスも出てきそうですよね。講談社でも「ヤングマガジン」の新連載を1ページ単位でＮＦＴ化して販売するという取り組みが始まりましたし、日本のカルチャーとＮＦＴは非常に相性がいいと思います。

最近は香港ベースでＮＦＴやメタバース事業で有名なAnimoca Brandsが日本に子会社を作ったりと、海外からの注目のほうが増えているように見えます。ネットフリックスが日本のアニメの潜在価値に注目して、多額の投資をしているように、ＮＦＴでも同様の動きが起こるのでしょう。重要なのは、その利益が正当に日本に割り当てられるかですが。日本のコンテンツを持っている会社が、きちんとしたテクノロジービジネスに目利きのある方の協力を得なければ、適正な相場よりも大幅に安く契約してしまいカモにされることを懸念しています。

ジェリー　人気アイドルグループ、ＳＫＥ48のトレーディングカードＮＦＴも話題になりました。アイドルとＮＦＴの相性も抜群ですよね。アイドル産業は一時期、ＣＤを多く購入させるようなビジネスになっていましたが、ＮＦＴであれば、物理的なＣＤの生産・流通コストを省けますし、ただのコピーではなく唯一無二のものをファンが手にすることができるので、アイドル運営側もファンもウィンウィンな構造が生まれます。ＮＦＴに、ライブに参加できる権利やアイドルと会える権利など、ベネフィットを付与することもできます。

日本はＩＰビジネス大国であり、任天堂やバンダイナムコやスクエア・エニックスなど、世界に誇るゲームやアニメのコンテンツ企業がありますから、新しいマネタイズとしてＮＦＴへの参入は盛り上がってくると思います。日本のコンテンツが好きな人は世界中にいるので、世界中で販売をすることができ、ファンと新しくつながり、新たなコミュニティを作るチャンスにもなります。

技術が簡単だからこそ早く動いた者が勝つ

山本　ＮＦＴは技術的には先端の人工知能、ディープラーニングと比べると開発は難しくない印象があるんですが、どうなのでしょう。誰もがNFTを作ることができる時代もやってきつつあるように思いますが。

ジェリー　NFTを作ること自体は簡単だと思います。プログラミング技術がなくても、すでにあるツールを使って画像などをアップロードしてクリックするだけでNFTができるくらいです。

最近では、アドビ社の画像編集ツールであるフォトショップにNFT機能が組み入れられたりと、誰でもNFTが作りやすくなってきていると思います。ブロックチェーンのことを理解していなくても、イラストレーターや写真家、漫画家、音楽家などがNFTを発行して売り上げを得て、ファンと直接交流するようなことはますます増えてくるでしょう。

今はNFT自体だけではなくプラットフォームを作ろうとしている人がたくさんいて、ブームが起きています。海外の動きを見ていると、毎週のように新しいNFTマーケットプレイスやNFTコミュニティ管理ツールなどがどんどん出てきています。国内のNFTマーケットプレイスも少なくありません。楽天グループ、LINE、メルカリ、GMOインターネットグループ、SBIグループ、コインチェックなども参入し、新規ベンチャーも何社か出てきています。Twitch（動画生中継の大手サイト）の創業者がゲーム向けＮＦＴマーケットプレイス「Fractal」を作るなど、有名な企業家たちもどんどん参入しています。ただ、マーケットプレイスは何十個もいらないので最終的に数個に絞られていくかと思います。

山本　結局は、技術力があったり使い勝手のいいデザインを作れるところが勝つのでしょうね。技術がなくとも、日本のパ・リーグのように、連携して集客も運用も管理もできるところは強いと思います。

ジェリー　その場合、マーケティングのほうが重要になりそうですね。例えば、どういうＮＦＴをいくつ発行して、どういう人にどうアピールするかみたいなビジネスの判断が大事になりそうです。

山本　具体的な技術的な部分については立ち入りませんが、そんなに難しくなくて、とにかくチャレンジした者が優位であるという状況にあることは、強調して伝えておきたいです。

コインチェックのときもそうでしたが、早く動いた者が勝つというわけです。マウントゴックス事件のときにはSTORYS.JPというブログ投稿サービスを提供していた企業が、いち早くコインチェックを開発して成功しました。

現在、アメリカでNFTが爆発的に来ているというときに、楽天グループ、GMOインターネットグループ、メルカリなどはスピード感を持って事業を作っています。世界中で数多くの企業がこれから参入していきますが、競争が激化し自然淘汰されていくのかなと思います。

ジェリー　今は「OpenSea」というNFTマーケットプレイスの売買高の市場シェアが高く、企業価値も高くなっています。そのため、OpenSeaのビジネスのパイの5%を取るだけでも大きなビジネスになるような状況があるので、新規参入によってOpenSeaの一人勝ち状態が解消される日も近いことでしょう。現状、手数料を取るだけでたくさん儲かるビジネスなので、おいしいと思っている人も多いでしょうね。

山本　こうした新しい領域に日本企業がより参入してこないといけないですよね。まだまだ経営陣へ届く新しい動向のアンテナが立っていなかったり、情報が届いていても、十分に咀嚼《そしゃく》されず組織として素早く動けない体制だったりするのでしょうね……。

ナイキの靴をバーチャルで履く？

ジェリー　ＮＦＴに関してはやろうと思えばすぐにできるので、経営陣のやってみたいという意思が重要なのだと思います。アメリカではナイキがＮＦＴ企業を買収するなど素早い意思決定が見られました。

山本　ナイキが買収したのは、バーチャルアパレルのRTFKT（アーティファクト）という企業でした。ここは、２０２０年からバーチャルスニーカーの製作を行ってきた会社で、ナイキの靴をバーチャルで履くということをイメージしてもらえば、その親和性が伝わると思います。流行に敏感な企業ならいち早く動いて当然だと思います。メタバース時代には、購入した靴を現実で履くだけではなく、仮想空間で履くことも当たり前になっていくと思います。

ジェリー　ナイキ以外では、マクドナルドが「マックリブ（McRib）」の発売40周年を記念して限定ＮＦＴ「マックリブＮＦＴ」をプレゼントするキャンペーンを行いました。バーチャルスニーカーほど製作にコストをかけなくとも、簡単な写真・動画をＮＦＴ化するだけでも盛り上がる場合もあります。
ただ、日本の一部の企業では、社内の若者からＮＦＴに関するアイデアが出てきたときに、経営陣が理解して承認するのに高いハードルがあったり時間がかかったりしそうですね。

山本　意思決定の構造が身軽でないですよね。経営陣がＮＦＴを体感しておかないといけない、というスタンスにならないと勝手にはほぼ何もできないですからね。将来性が見えてきた頃にはかなりのハンデを背負った状態になっていることが多いはずです。

Play to Earnとは何か

ジェリー　次に「Play to Earn（遊びながら稼げるゲーム）」の話をしていきましょう。
これまではゲームで遊んで稼いだお金の利用は、そのゲーム内に限られていました。例えば、モンスターを倒して、戦利品としてゴールドをもらい、それでゲーム内の店で武器や装備を買うパターンがありますね。当然のように、お金をゲーム外に持ち出すことはできなかったんですが、ＮＦＴやPlay to Earnの仕組みを通じて、ゲーム内で得たお金やアイテムをゲーム外に持ち出せるようになりました。

山本　仮にそのゲームがこの世界から消えてしまったとしても、ゲームで稼いだお金を持ち続けることができ、他のゲームで利用したり第三者が運営している取引所で販売したりすることも可能になるということですね。

ジェリー　ＮＦＴと暗号資産のおかげで、自分がゲームのお金やアイテムの本当の所有者になることができるようになりました。Ｗｅｂ２・０では企業がデータをたくさん集めて、そのデータをコントロールしたり、利用したりすることでビジネスが成り立つという構造があります。オンラインゲームの運営会社がゲームを消せば、プレイヤーのゲームデータも消えてしまっていたわけです。ここに、Ｗｅｂ２・０とＷｅｂ３の根本的な違いがありますね。

山本　Play to Earnにはどのようなゲームがあるのでしょうか?

ジェリー　２０１８年に日本のdouble jump.tokyo株式会社からリリースされた「マイクリプトヒーローズ」が一時期、世界で一番遊ばれていたブロックチェーンゲームでしたが、いま一番有名なのは、ハッキング被害事件でも触れた前述の「Axie

Infinity」というゲームです。そのNFTの売買高が累計40億ドルを超えました。実際このゲームで生計を立てる人が増え、Play to Earnという概念の認知度を大きく高めました。一回遊んでみると分かりやすいですが、1匹のキャラクター（アクシーというちょっとポケモンっぽいやつ）が一つのNFTになっていて、それを持っていると育成して高く売却することもできるし、2匹のキャラクターを繁殖させて生まれたキャラクターを売却することもできます。

ゲームの中でバトルしていると「Smooth Love Potion（SLP）」という通貨を稼いで、ゲーム外で売買することもできるし、ゲーム内で使うこともできます。2匹のアクシーを繁殖させるときにSmooth Love Potionが必要なので、多く産ませたい人はSmooth Love Potionをバトルか購入で集めないといけません。

山本　累計40億ドルというのは、相当な規模ですね。このゲームは世界中でプレイされているのでしょうか？

ジェリー　実はこのゲームが一番成功したのはフィリピン市場でした。新興国においてゲームで遊ぶことで生計を立てている人が増えているのです。新型コロナで仕事がなくなってしまった人がゲームを発見して稼ぐことができて助かった、生活必需品を買うことができるようになった、子どもの学費を払えるようになった、といったようなストーリーが次々と生まれています。

山本　これまでゲームはただの娯楽でしたが、仕事となり、生活を支えているというのは、興味深いですね。お金が激変していることを話し合ってきたわけですが、お金が変わるということは仕事のあり方や働き方も変わり、さらには人生を大きく変える可能性もあることが見えてきますね。

ジェリー　やはりゲーム内の報酬を持ち出して、取引所などで使うことも可能になったのは大きいですね。

これまでいろんなゲーム会社はプレイヤーから莫大な利益を得てきました。プレイヤーが時間も努力もかけているのにゲームから持ち帰れるものは何もありませんでした。楽しいからプレイするわけですが、娯楽以外には何もなく、それは残念で改善したいという考え方の人が増えています。

ただ、Play to Earnについてもいろんなスタンスがあります。ゲームのコミュニティにおいては、ゲームを長くやっている人は報われるべきだからPlay to Earnは素晴らしいと言う人もいれば、逆にPlay to Earnは最悪だと言う人もいます。ゲームは本来遊びたいからやっているのに、稼ぎたいからやるものになってしまうという意見です。

要するに、Play to Earn のゲームが楽しくないものだとしても、お金のためにゾンビのように一番儲かる動作だけをひたすら繰り返すだけになってしまう可能性もあるのです。

加えて、ギャンブルやマネーロンダリング、法律面からの懸念もあることも確かで、Play to Earn に対して最高と最悪のスタンスが二極化しているのです。

山本　なるほど。それでも、ゲーム大国の日本としては、Play to Earn について検討し、市場で存在感を発揮してほしいですね。

ジェリー　日本ではゲームの暗号資産やＮＦＴが、ゲームデザインによっては賭博罪や景品表示法などに抵触してしまうかもしれないので、懸念点ではありますね。[*12] メタバースとかブロックチェーン系のゲーム＝Play to Earn のゲームだと思う人が多いかもしれませんが、Play to Earn ではないメタバースのゲームなどを作ることもできるので、まず日本はそうしたところから参入していくのもありでしょうね。

また、ゲーム内にＮＦＴがあるとゲーム外に持ち出して売ることもできるので、法律に抵触するような売買ができないようにすることができるのかどうかもポイントになるかもしれませんね。実際のところ、ＮＦＴで何をどうすればＯＫで、または禁止なのかについて法律がまだ明確じゃなく、今後も変わるでしょうが、そういう状況の中でもとりあえずブロックチェーンゲームを作ってみる会社もあります。

メタバースの世界

山本　メタバースという言葉が出てきましたが、メタバースとは仮想空間にできたもう一つの世界のことですね。暗号資産やＮＦＴとメタバースの親和性が高いことは見えてきていますよね。

ジェリー　必ずしもメタバースのゲームにＮＦＴが必要なわけではありませんが、親和性が高いことは確かです。メタバースの世界で買ったものが本当に自分が所有す

＊12　詳しくは「ブロックチェーンゲームにおける“play-to-earn”の法的検討」https://innovationlaw.jp/play-to-earn-2/を参照

るものになるのは、ユーザーにとって魅力的ですよね。

フェイスブックからMetaへと社名を変えたマーク・ザッカーバーグCEOが思い描いているのは、人々がもう一つの現実に没頭できるような世界でしょう。まるで自分の友達やペットが別世界で生きているような体験ができたり、パーティーに参加したりミニゲームをやったり、アートや洋服を交換したり、カジノで遊んだり、土地を買って家を建てたり……NFTで実際にそういうものを所有したほうがリアルに感じることができるかもしれません。

メタバースの世界で頑張って稼いで土地も買って家も建てたのにゲーム運営側が没収するといったようなことが起きたら悲しいですよね。そういうリスクを避けたいからNFTに魅力を感じる人が多くいるのです。

以前に少し話しましたが、イーサリアム創業者のヴィタリックが、かつて夢中だったWorld of Warcraftというゲームにおいて、ゲーム運営会社の独断でキャラクターの能力が下がったというつらすぎるエピソードがきっかけで、イーサリアムを作ったというのは広く知られています。NFTでないと、削除できてしまうわけです。

詐欺か、革命か

ジェリー　ここまでNFTのいい面を話してきましたが、問題点はあるでしょうか？

山本　最近のNFTブームは2017年の「ICO（Initial Coin Offering）」ブームとも似ていると指摘されることがありますね。ICOとは新しく暗号資産を発行することで資金調達をする方法のことですが、当時はブロックチェーンを使った資金調達の8割以上が詐欺と言われたこともありました。

いろんなトークンを見ているなかで、今は取引所が介在してトークンの取引をする「IEO（Initial Exchange Offering）」という名前のものもありますが、新しいテクノロジーが出てくると必ず騙されてしまう人が一定数います。

NFTの場合、一度買ってみたものの、今のところ流動性があまりなくてうまく売却できないこともあるので、詳しく知らないと高値づかみをしてしまうような可能性もありますね。

ジェリー　新しい技術や仕組みは、未熟な時期を乗り越えて現在があります。インターネットの登場からこれまでの経緯を見ても、スパムや詐欺はたくさんありましたが、今ではスパムフィルターの技術が向上してそうした問題はかなり減りました。同じように、ＮＦＴに関しても詐欺などの問題がありますが、成熟していくにつれてそうした問題は減っていくでしょう。

詐欺の種類にもいろいろあります。私がモナリザの作者だと言ってＮＦＴを発行して、みんながすごいと思って買ってくれた後に、実は私がその作者じゃないと分かって……というのも詐欺ですよね。

また、ＮＦＴのプロジェクトにはロードマップがついているケースがあります。例えば、あなたがこのＮＦＴを買ったら将来そのＮＦＴが使えるゲームを開発しますとか、今後作る取引所の利益の一部をあげますとか、グッズを作ってあげますといったように。でもＮＦＴが完売したら、約束を果たさずに逃げてしまう（または、「やってみたらできなかった！　ごめんね！」と言ってあきらめる）ようなこともありますね。

ＮＦＴに限らず新しい技術には良い使い方と悪い使い方があって、時間が経つにつれて良い使い方がされるようになるのではないかと思います。そうしたときにＮＦＴやブロックチェーンの革命がさらに進んでいくでしょう。

山本　規制側が過剰反応をせずに、育てていくような方向になるといいですね。現在は少しのマイナス面もありますが、トータルでポジティブになるかどうかが重要ですね。

ジェリー　そうですね。一言でなぜNFTが革命かと言えば、インターネットの世界に「希少性」と「所有」の概念を取り戻していることでしょう。デジタルの世界では音楽でもアートでもデータが無限にコピーできるようになり、誰もがそういうコピーを無料で楽しむことができたので、なかなかマネタイズが難しいという状況がありました。

NFTによって、このデータは私しか持っていない、このシリーズのキャラクターは1万人のファンしか持っていない、といった希少性を保てるような仕組みができたので、マネタイズ、コミュニティづくり、そしてクリエイターとファンのつながりの可能性が広がっていきます。現実世界にも本物の絵や写真やアートは一つしかないという希少性の概念はありますが、それがバーチャル世界でもできるというのが重要なことだと思います。

第４章　お金の未来

どこから何を始めたらいいのか？

山本　ここまで、ビットコイン、ブロックチェーン、ＮＦＴについて話してきました。中央集権型のシステムから、個人がより力を持つ時代になってきました。さらには、インターネット時代に失われた希少性が再び取り戻されてきたというお話でした。

こうした新しいテクノロジーがもたらす社会や私たちへの影響を頭でざっくり理解した後は、実際に体験してみてほしいですね。口座を開設したり、ＮＦＴを購入したり出品したりしてみるのが一番だと思います。そうすれば、なぜ多くの人がこれほどまでに熱狂しているのか、これはバブルなのか、一人ひとりが実感を持って分かると思います。

ジェリー　自分が何かを所有していないと主体的に興味を持つことは難しいですよね。ビットフライヤー、ＧＭＯコイン、コインチェックなどの取引所でビットコイン（ＢＴＣ）やイーサ（ＥＴＨ）をとりあえず少額で買って保有してみることから始める人は多いです。
NFTについてもOpenSeaという最大手のマーケットプレイスなどで買ってみるとおもしろさが分かると思います。NFTは単に保有するだけでもいいですし、ツイッターやビデオ通話アプリのプロフィール写真に使ったりする人もよくいます。Decentraland（ディセントラランド）というメタバースで無料で遊んで、他のプレイヤーのNFTを観察することもできます。そうしたところからだんだんと興味を持つようになって、暗号資産の情報やニュースも自然に見るようになって学ぶようになると思います。

暗号資産で暮らしはどう変わるか？

山本　これから暗号資産や関連のテクノロジーに興味を持つ人は、これによってどんな変化が起こるか知りたいかもしれませんね。個人が力を持つ革命であるということは何度か語ってきましたが。

ジェリー　「非中央集権化」というキーワードも強調してきましたが、もしかするとみんなが主権者（管理者）になりうる時代と考える人もいるかもしれません。

しかし、みんなが主権者になるとは限らないと思っています。自分で全てを管理したくない人もいます。ポイントは「主権者になろうと思えばなれる」ということろです。その権利を持つことができるということです。

これまでは、銀行がお金を管理し、証券会社や信託銀行が株・債権を管理し、アップルやグーグル、アマゾンやゲーム運営会社がデジタルコンテンツを管理してきました。銀行がお金を出金停止にしたり凍結したりできるし、自分が電子書籍を買ってもアマゾンが勝手にそれを削除できるし、ゲーム会社が一方的にプレイヤーのアイテムを削除できる。

その点、暗号資産については自分のウォレット（デジタルの財布）で管理していれば、秘密鍵を保有している以上、誰も没収・削除することはできません。NFTの技術がちゃんとしていれば、データは永遠に自分のモノになるということです。

誰でも主権を持てるようになったというのは画期的でしょう。ブロックチェーン時代とは、自分が本当にモノや資産を所有し、誰もそれを没収・変更できないという時代なのです。

山本　そのためには、法制度も追いつかないといけないということですよね。

ジェリー　法制度をめぐっては、さまざまな議論や問題が起こると思います。政府は自分たちで金融資産を没収したり凍結したりする権利を持っておきたいでしょう。権力を自ら進んで手放したい権力者はあまりいませんからね。ということであれば、ブロックチェーン業界の企業に制限を設けたり、やりたい放題ができない程度には規制を制定したりするでしょう。ただ、イノベーションも促進したいので、暗号資産業界の人々と話しながら、過剰な規制に反対する政治家もいます。

加速する非中央集権化

山本　法制度が追いついてきて、お金の未来を考えると、非中央集権化の加速というのは重要なテーマになりますよね。

ジェリー　これまでの経済や人間社会は、中央集権化することで文明として発展してきました。この数十年については、大きいテック企業や証券会社のような世界的な企業に対して、欧米など各国政府が法制度を作ってコントロールしてきたことで、なんとか社会の秩序を保ち、国という大きな組織を治めてきました。
非中央集権化をしようと思えば、従来のシステムとの軋轢《あつれき》や衝突が生まれますし、従来の法律を適用・執行しにくいこともあります。一方で、Ｗｅｂ３やブロックチェーン技術は、多大な利便性とか利益を生み出すことができます。

山本　こうした新しい技術と国家の共存方法はあるのでしょうか。第１章では、アメリカ、中国、インド、エルサルバドルなどの国々のスタンスを確認しましたね。

ジェリー　政府がほとんどブロックチェーンを使わせない中国のような形もありますが、ほとんどの国では、現実的なシナリオは共存になるでしょうね。現行の法制度でも政府が権力を維持できて、かつ、Ｗｅｂ３の恩恵もある程度受けることができるような仕組みはありうると思います。ただ、政府でも国民でもブロックチェーンなどについて理解している人はまだ少ないので、法整備などには時間がかかるでしょう。

山本　インターネットのときと同じようなことが起きているのでしょうね。最初は「これはすごい」と話題になって、法制度が追いついていないうちに、あれにもこれにも使えるとなっていって、現代ではＤＸ（デジタルトランスフォーメーション）が

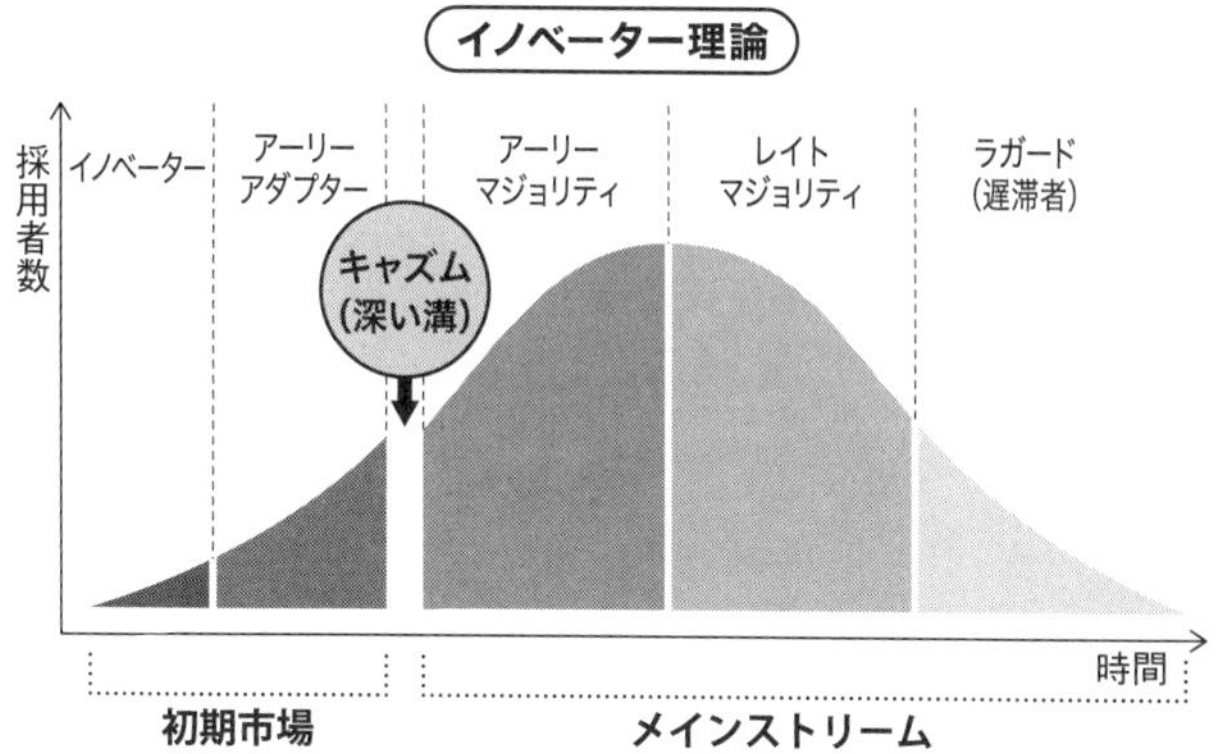

必要と叫ばれているわけです。現在は、ブロックチェーンが何に使えるか分かっていないから、法整備が追いつかない、国会の議論にも大きくは上がってこないような現状があります。

イノベーター理論に倣えば、イノベーター、アーリーアダプターと来て、ようやくアーリーマジョリティやレイトマジョリティが来る。このあたりでようやく世間が追いついてきて、法整備などが議論されるようになります。国としてブロックチェーンを理解しておけば国力が上がるということが分かれば、議論を早めたり法整備をしたりしようとするはずです。

アメリカではそうした流れで法整備も進み、現状の盛り上がりがあるわけです。ただ、政府そのものが非中央集権化の影響を受けるわけで、早くやればやるほど自分たちの権力を手放してしまうことになるわけです。だから、立法の機関である国会自体が積極的には進めづらいという側面もあるのだと思います。

ジェリー　そうですね。テクノロジーに精通している政治家でも、ブロックチェーンや暗号資産関連のリスクについて全て把握したり予測したりするのは難しいですから、やりたい放題やってくれとも言いづらいですよね。

山本　アメリカにおいて、アマゾンやグーグルは表立ってはいち早く暗号資産に参入しませんでした。暗号資産やブロックチェーンに手を出したからといって、巨大なテック企業が優位になるかというとまだ分かりませんし、政府や国民からの注目も高いことから大胆な手を打ちにくい環境でもあります。国家・政府としても力が少し弱まるかもしれないので、双方が得をするという明確な感覚がないと進めないのでしょうね。

ジェリー　大手テック企業は、中央集権化によって莫大な利益と力を得てきました。一方で、暗号資産やブロックチェーンのコミュニティには、非中央集権化運動を盛り上げてグーグルやアマゾンを打倒したいという人が多いです。でも、ブロックチェーン関連事業には多くの種類があるので、多様な事業に携わる大手テック企業はなんらかの方法で参入できます（それで非中央集権化が損なわれると一部のコミュニティメンバーに批判されることもありますが）。例えば、Amazon Managed Blockchainという、ブロックチェーンサーバーを運用しやすくするサービスもあります。

ＮＦＴの章でお話ししたように、ナイキはバーチャルスニーカーのＮＦＴを出すなど動きを見せています。こうした明らかにＮＦＴと親和性が高い分野では、参入が進んでいくと思います。グーグル傘下のユーチューブも最近、ＮＦＴ関連機能の導入を模索しはじめました。

ただ、暗号資産自体を事業にする場合は、話が変わってくるかもしれません。仮にドルと競合する通貨ということになれば、政府と衝突してしまって、Ｍｅｔａのディエムのように事業ができなくなるようなことも起こりうるでしょう。

山本　そういう意味では、政府や政治家や機関に対する不信感は、衝突が増えれば増えるほど大きくなるのでしょうね。なぜこんなに進まないんだ、と。

ジェリー　以前から個人、国民、消費者の、Ｍｅｔａや国家に対する不信感はありましたよね（国と時期によって違いますが）。

ＳＮＳに対しては、個人データの利用のしすぎやプライバシー侵害、ユーザーの感情操作による広告利益最大化などが疑われました。

政府に対しては、予算の使い方が悪くて金融危機時に貧しい人が苦しむ政策を採ったり、新型コロナ対策でも明らかになったように情報公開の閉鎖性や後手後手の対応をしたりしたことで、不信感を抱いている人は多いですよね。そうすると、一部の個人はなおさら自分で主権を持ちたくなるわけです。

あらゆる産業が非中央集権化する

ジェリー　非中央集権化というのは、金融の世界だけの話ではありません。
Ｗｅｂ２・０の様々なサービスのＷｅｂ３版が作られている最中です。例えば、音楽配信では、Spotifyというサービスがありますが、それと競争するＷｅｂ３サービスのAudiusが作られました。Audiusだとファンとアーティストがより直接的に交流でき、サービスの開発方針に影響を及ぼせますし、音楽売り上げの90％がアーティストに支払われます（従来の音楽業界だと1～15％）。次々とＷｅｂ３版のサービスが誕生しています。

Web2.0とWeb3のサービス例

サービスの種類	web2.0サービスの例（中央集権型）	web3サービスの例（非中央集権型）
音楽配信	Spotify、LINE MUSIC	Audius、Royal
動画配信	YouTube、Netflix	Theta Network
無線通信	NTT DOCOMO	Helium
オンライン広告	Google、Facebook	Brave
データ保管	Dropbox、Amazon S3	Arweave、IPFS
計算（情報処理）	Amazon EC2	Render Network、Akash
SNS	Facebook、Twitter	Lens Protocol、Subsocial
コード管理	GitHub	Radicle

これらすべてのサービスが成功するかは分かりませんが、こうしたプロジェクトの中には時価総額が１０００億円を超えているようなものもたくさんありますので、高い期待を持っている投資家やユーザーが多くいます。

従来のインターネットサービスは中央集権化が基本でした。例えば、ある世界的なサブスクリプションサービスの中でも、コンテンツとユーザーのデータを持ち、ユーザーから莫大な利益を得て、コンテンツ制作者に十分に還元されなかったという見方があります。これではユーザーにとってもコンテンツ制作者にとっても理想的ではありません。

山本　簡単に言うと、手数料や中抜きが減っていき、制作者、消費者ともに得をするというイメージですね。

ジェリー　そうですね。仲介事業者がいたり、特定の組織や企業に力が集中してしまったりしていると、利益の多くがその企業に取られるような状態があるのです。

例えば、Spotifyが一番大きな音楽サブスクリプションサービスだからそこで音楽を配信しないと音楽ファンに届かないとか、ホットペッパービューティーに美容室の情報を載せないと誰もお店に来ないとか、そういったたぐいの話です。

中央集権化しすぎると、サービスが料金を値上げしたら払うしかありませんから、トップ企業の利ざやが大きくなります。そうした仲介手数料のようなものが減ったら良いなという思想で、非中央集権化プロジェクトを作っている人たちがたくさんいるのです。

それに、手数料を減らすだけじゃなくて、本来使っていなかったものがWeb3サービスや暗号資産のおかげで使えるようになるケースもあります。例えば、クラウドの分野で言えば、FluxやRender Networkといったサービスは、個人の家にあるパソコンを使っていないときに空いている計算キャパシティを提供するというものです。分散クラウドのような形で、計算力を第三者（例えば、3D映像の製作者）に提供することで暗号資産の報酬をもらえる、といったイメージです。

こうした結果、AWS（Amazon Web Services）など中央集権型のクラウドプロバイダーと競争できますし、そもそも使われていなかったものが使えるようになるということで、両者にとってウィンウィンになるようなサービスがあります。

山本　これまでマッチングできていなかったものが、マッチングできるようになるというのは、いいことですよね。中央集権型だと届かなかったところに届いたり、社会の効率性が上がるようになったりするところに可能性があるわけですね。

ジェリー　そうですね。さきほどのクラウドの事例以外では、DeFi（分散型金融）でビットコインやイーサを貸し出したい人と借り入れたい人のマッチングも可能になります。

分散型金融（DeFi）の可能性

山本　ここからは、DeFiについても話していきましょう。

ＤｅＦｉとは簡単に言えば、銀行や取引所ではなく、無人で金融サービスを提供するようなシステムのことです。企業株式でいえば日本取引所グループと主に企業がマーケットメイク（市場での需要と供給のマッチング）をしていますが、ＤＥＸ（Decentralized Exchanges：分散型取引所）では、個人でもマーケットメイクできる余地が広がり、毎週売買額が数兆円になっています。

ジェリー　そうですね。そういうＤＥＸなどのＤｅＦｉプロジェクトの多くは、ＤＡＯ（Decentralized Autonomous Organization：自律分散型組織）が管理しています。特定の管理者がいるわけではなく、コミュニティによって自律的に運営しているのです。いちばん有名なのは、「Uniswap」（ユニスワップ）という分散型取引所です。ＵＮＩトークンをいろんな人に配って、その所有量に比例して投票権が変わるというものです。そこで一人ひとりが、例えばユニスワップが違うブロックチェーンにも展開すると投票で判断したりしています（参照：https://gov.uniswap.org/）。

山本　そのほうがより合理的な判断ができるということですね。メリットは分かりますが、逆にデメリットはどうでしょうか。

ジェリー　問題が発生することもよくありますし、中央集権化と非中央集権化のバランスも難しいところがあります。

この点については、プロジェクトの成熟度合いによって変わると思います。例えば、1日目から100万人が1トークンずつ持っている状態だと判断がものすごく遅くなりますよね。毎回のミーティングに100万人が参加してちゃんと投票するわけでもないし、管理するだけでもかなり大変になります。

そのため、よくあるパターンは、最初は中央集権型でスタートし、プロジェクトの創設者たちが経営や開発の判断をして、少しずつトークンを発行したり重要判断をコミュニティに移したりしながら、徐々に権限移譲していくようなものです。

プロジェクトの成熟度に合わせて、非中央集権化をちょっとずつ行っていくということです。すべてが非中央集権型になれば理想的と言う人もいますが、現実的には最初は中央集権化していたほうが判断や動きが早いというケースもあるのです。

山本　ガバナンスの議論に似ていますね。結局のところ、トークンを多く持っている人が正しい決断をできるのかどうか分かりません。もし正しい決断をできなかった場合、どのように修正していくのか、非中央集権化の組織であれば一人ひとりが管理者としてのパワーバランスで睨んでいるからこそ、うまく運営される余地があります。実際、ウィキペディアなどは非中央集権化した形でうまく運営されていますよね。

さきほど、金融以外にもさまざまな業種で分散型のサービスが生まれているという話がありました。そうした試行錯誤を通じて、効率的な新しい形態が生まれる可能性はあると思います。

ジェリー Web3では試行錯誤のスピードも速くて、良くないやり方だと分かればすぐに別のやり方でやってみるようなチームも多いです。トークンの保有量に比例して投票権が決まるならトークンを大量に持つお金持ちが影響力を持つことになるので、トークンの保有量の平方根に比例して投票権を決めるようにするなどして、ガバナンスの仕組みを改善するようなこともあります。

他にも、プロジェクトのスマートコントラクトを変更したい場合、投票する前にコードを書いておいて可決した場合にコードが実装される仕組みにしておけば、可決されたのに実装されないというリスクはなくなります。

こうした形で、ガバナンスのツールや仕組みは速いスピードで改善されています。また、その仕組みも公開されながら行われているので、違うプロジェクトのモデルやツールを真似して、コミュニティに導入することもできます。高速な改善スピードでより良い仕組みが生まれていっているのです。

オープンであることの意義

山本　そもそも、イノベーションというものは多産多死です。いろんなものをできるだけ早く試行錯誤して、そこから一つでも大きなものが生まれたら儲けものというやり方が当たり前の世界です。こうしたやり方は、日本でますます求められているような気がします。

また、こうした非中央集権化の動きは、やる気があって、仕組みを理解した人が率先してやっているので速いですよね。同じビジョンを共有していて、技術面のエラーがあっても解決策について建設的な議論ができるので、生産性も高いですね。

ジェリー　株式会社においては取締役会の行い方などで細かいルールがあったり、決裁者に話を通すだけでも大変なこともありますが、ＤｅＦｉプロジェクトやブロックチェーンプロジェクトにおいては、そもそも誰がどの国にいるかもどういう法律が適用されるかも分かりません。

だから、とりあえずみんながオープンに発言・開発できるような協力方法でやってみようという考え方なわけです。オープンなので自分のプロジェクトの過ちも他人に見えていて、他のプロジェクトの成功や失敗も見えているので、学びが早いのです。

こうしたプロジェクトは別に会社を登記しなくてもできることなので、途上国の中学生でも立ち上げることができます。本当にプロジェクトの失敗例も多くあるので、誰もが観察して学びながらより良い仕組みづくりを目指すことができるのです。

山本　地球上にいてインターネットにつながっていれば、誰でもプロジェクトに参加することができるということですね。さらには、正当な評価を得て正当な対価があるならば、プロジェクトに参加して生計が成り立つ人もいます。国家の枠組みを超えて働くことができるというのは、夢がありますね。

ジェリー　どの大学を卒業しているかといった旧来の履歴書に書かれるような情報よりも、ブロックチェーン上で生態系にどれくらいの貢献をしてきたのか、ＤｅＦｉの経験がどれだけあるのかということが証明できるので、新しい（匿名でもできる）

身分証明や仕事の仕方が生まれています。

山本　だいたいの職業は、誰かを雇う前に適正などをチェックするわけですが、ブロックチェーン時代にはとりあえず貢献できるなら貢献してみてください、ちゃんと貢献しているなら報酬が多分生まれます、ということですね。

ジェリー　従来のシステムであれば、会社の登記や労働法やそれらの手続きをしないと何も始まりませんが、ＤｅＦｉやブロックチェーンのプロジェクトにおいては——もちろん法人や正社員も存在しますが——完全にバーチャル空間上で、どの国にいてどんなバックグラウンドを持っているかも分からない人が、いいプロジェクトを作っているような事例も数え切れません。

山本　アカデミアの世界とも似ていますね。法律などに縛られるわけではなく、自分の好きな研究をやって論文を出して世界的に認められたらノーベル賞を受賞するというような話は、分散型の世界とも近いように思いました。

ジェリー　アカデミアの世界も割とオープンなので、おもしろいと思ったら他の研究者に連絡して教えあったり、共同研究をしたりすることもできます。

ただ、違う点もあります。こうした動きは研究者同士の交流は可能ですが、大学で働いていない研究者でもない人が突然論文を読んで質問してきたら「え？　誰？」となるかもしれませんね。

でもＤｅＦｉのプロジェクトではDiscordのチャンネルに入れば、誰でも暗号資産のインフレ率について意見を述べたり、改善の提案をしたり、どこでも入って質問や議論ができるのです。なので、アカデミアよりさらにオープンな世界ですね。

山本　かつてアインシュタインがスイスの特許庁に勤務していたときに、大学勤務でないながら特殊相対性理論を発表して、後に世界的に認められたようなケースもありますが、ハードルが高いですよね。

ＤｅＦｉやブロックチェーンのプロジェクトであれば誰でも質問できるし意見を言い合うこともできますからね。多様なバックグラウンドの人が協力すれば、斬新なものも作れます。例えば、医療の世界では、DeepMindがAlphaFold2を開発して、アミノ酸配列からタンパク質の３Ｄ構造を直接予測するといった事例も生まれています。これは既存の枠組みからはこの速さで生まれなかったことでしょうし、異業種だからこそ大発見も生まれる可能性があるのではないかと思います。

仕事が終わったらすぐに給料が振り込まれる

ジェリー　こうした中、従来の金融機能の分散型バージョンが次々と出てきています。預金、貸借、ファンド、デリバティブ、保険、仕組債《しくみさい》、特典……従来の金融システムに存在したものの分散型バージョンが作られていますし、存在しなかったようなサービスも無限に生まれていっています。ＤｅＦｉはコードを書けばそのまま分散型アプリになりますし、人々が実際に使いたいかは別として、自分が想像するものを自由に実現できるわけです。

山本　普通の生活者でも使いたくなるようなサービスもありますか？

ジェリー　おもしろいケースでは、「Superfluid」（https://www.superfluid.finance/）というサービスは、お金の流れに革命をもたらそうとしています。

給料を例にとると、毎月末に経理チームが台帳を締めて、翌月に労働者に給料を支払うといった流れがありますよね。つまり、労働と同時に給料は入ってくるわけではなく、１ヵ月くらいのタイムラグがあります。これでは――めったにありませんが——悪質な企業・経営者が給料を払わないで逃げるということもできてしまうわけです。

そこで、Superfluidは働いた秒ごとにお金の残高が更新されるサービスを提供しています。

私が今日30分働いたとしたら、働き終わったタイミングで、すぐにその給料を使うことができます。つまり、これまで当たり前に存在した「給料日」の概念が将来的になくなる可能性もあるのです。「お金のストリーミング化」とでも表現できるようなリアルタイム決済、着金のタイムラグがない仕組みが生まれつつあるということです。

山本　銀行はキャッシュがあるといっても、預金を元手に貸し付けをすることによる信用創造で実際の預金額より何倍も多くの経済効果を作り出して金融システムを支えています。ただ、そのお金の回転速度が理想的に速いわけではありません。

また、クレジットカードでは、着金のタイムラグが1週間～1ヵ月くらいありますが、ストリーミングであれば決済してからお金が届くまでに早くて1秒単位で実現してしまうわけで、既存の金融システムではできないことです。

ジェリー　また、NFTの証券化ができれば、複数のNFTを一つのパッケージにして、1口の端数（例えば0・15ユニット）を買うというように細かく購入することも可能になります。

例えば、CryptoPunks（クリプトパンク）というNFTコレクションがあるのですが、これは一番安いものでも数千万円します。このクリプトパンクを0・01個買えるようになるというのは、結構おもしろいことだと思います。

有名な事例では、ドージコインのドージ（犬）の写真を欠片に変換して、多くの人が一緒に1枚の写真を所有するようになりました。一人ひとりがちょっとずつ持っているので、多くの人が同じ写真をプロフィール写真に使ったり、コミュニティの一員であることを証明できたりするのです。

山本　住宅ローンを担保にした証券化商品（Mortgage Backed Securities：MBSなど）をトリプルAの格付けの部分だけや、地域性によって取り出すなど、投資家の需要に合わせて「スライス」するなどと、牛肉の部位を提供することに例えることがありますね。バラとかサーロインとかさまざまな部位があって、いい部位は高いし、そうでない部位は安いし、1頭丸ごと買うとそれなりの値段がする。こうしたこととN

FTは同じものを共有していますが似ていますね。分散型によって金融がダイナミックに変わりつつあるのは、とてもエキサイティングです。

ジェリー 他にも、ウォレットの中で暗号資産の量が変わるような仕組みもあります。今日1を持っていたとして、次の1時間で1・01、もう1時間経ったら1・02を持てるようになり、価格が下がらなければ、資産が増えていくような仕組みです。

山本 年の金利が5%だとして、月払いでそれを12で割るというのはよくありますが、それをより細かく1時間単位で割ってお金を付与することができるということですね。

ジェリー そうですね、ウォレットの中で増える仕組みの他に、自分がDeFiプロジェクトにお金を預けて、バーチャル金庫のお金が毎秒どれだけ増えているのかが見えて、出金ボタンを押したら自分のウォレットに戻ってくるといった仕組みもあります。

ツイッター上でビットコインを送る

ジェリー　あと、暗号資産のエアドロップもおもしろいです。文字どおり、空から降ってくるという意味です。

　自分の持っているウォレットに勝手に暗号資産が降ってくるようなことをイーサリアムなどでは防ぐことができません。そのため、発行者は、ギャグのような通貨も配れるし、好きなプロジェクトを長く使った人に送るような条件付きのエアドロップも可能です。

　ユーザーにとって価値のないような通貨が送りつけられることもありますが、1回のエアドロップで1000万円儲かったというケースもあるみたいです。僕の友達もこの1年だけでエアドロップで数百万円はもらいましたね。

山本　例えば、前澤友作さんが宇宙からお金配りのようなことをやっていましたが、あれは希望者を集めて銀行口座を集めないとできないことです。それが、ツイッターでフォローしてくれた人に感謝の気持ちを込めていきなり1万円をプレゼントするようなことが可能になるということですね。
コミュニケーションが双方向で、欲しいからではなくプッシュ型でお金が動いていくのはおもしろいです。新型コロナで10万円の特別定額給付金がありましたが、受け取る手続きをしなくても、自動的に入金されているというプッシュ型の方策ができるということですね。

ジェリー　そうですね。暗号資産コミュニティはツイッターを活発に使っていますが、ツイートのリプライで「あなたのイーサリアムのアドレスを貼ってくれたらエアドロップで通貨をあげます」ということはよくあるんです。
実はツイッターがブロックチェーンとの紐付けを行っていて、特定のツイッターアカウントでイーサリアムのウォレットと連動していると、例えばプロフィール写真に使っているNFTが本物かどうかが分かるような表示になります。あるいは何か感謝の気持ちを伝えたいときに、ツイッター上でビットコインを送ることができるようになっています（参照：https://help.twitter.com/ja/using-twitter/tips）。

山本　ツイッターといえば、共同創業者のジャック・ドーシーが2021年にCEOから退きました。その後、決済システム・アプリを提供しているもう一つの会社の

「スクエア」の社名を「ブロック」に変更しました。これから暗号資産やブロックチェーンに本腰を入れていくという姿勢の表れですよね。

ジェリー　ジャック・ドーシーは人生で一番重要な仕事はビットコインだと明言しています。彼はビットコイン以外の暗号資産には批判的なので、彼が離れた後のツイッターのほうがビットコイン以外の暗号資産とも連携しやすくなりました。ツイッター上でさまざまな暗号資産のやり取りができるようになる日も近いかもしれませんね。

既存のシステムに対する疑問と失望

山本　ジャック・ドーシーはビットコイン、イーロン・マスクはドージコインにコミットしています。そしてイーサリアムには、若き天才のヴィタリックがいます。プレイヤーが多くいますね。

ジェリー　他にはマイクロストラテジーＣＥＯのマイケル・セイラーも注目人物です。この会社はもともとビットコインとは関係なかったのですが、会社のほとんどの資金を使ってビットコインを買い続けた結果、いまでは重要なインフルエンサーになりました。他の会社もビットコインを買うべきだ、と主張し続けていることでも知られています。

山本　そうした動きは、政府や銀行に対する動きにもつながってきますね。こうして少しずつ既存のあり方が問い直されていくのでしょう。

ジェリー　要するに、政府や銀行に不満を感じ、組織や人間とのより良い協力の仕方を求める人が増えているのでしょうね。従来の通貨は本当に現代社会に最適な形になっているのか、改めて問われると疑問を抱く人は多いと思いますし、既存のシステムに失望する人すらいます。

実際、エルサルバドルの大統領は銀行システムに失望したことから、法定通貨にビットコインを採用するという動きまで見せましたから。銀行口座を持っていない人が多い国では、こういう急進的な動きも増えていくかもしれません。

そこまで極端でなくとも、銀行にうんざりしている人も増えているように思います。デジタルで全てがつながっている時代に、わざわざ営業時間内に物理的に銀行の支店に行ってハンコを押すなんてバカバカしいですよね。海外送金なら、手続きがなおさら大変です。時間も手数料もかかり、利息や利回りも低い。ゼロ金利時代では、銀行に預けて資産形成できるはずがあまりできない事態になっています。

山本　本来の銀行の役割は完全には果たせていないわけですよね。資金をひたすら増やしてもなかなか投資に回らず金利も上がらず、必要なところにリスクを取って分配するはずだったのにローンも貸し倒れを極度に避けた結果、成長するところにお金を回すことができなくなっています。

銀行の中には経済成長を支えるという機能を存分には果たせていないところもあると思いますので、そういうところには抜本的な改革が求められます。旧来の銀行のようなお金の回し方ではないDeFiのようなものがいいのではないかと思います。サトシ・ナカモトが考えていたことが、14年間を経て社会的な運動として起きているのです。

第1章でお話ししたように、お金は単なる「手段」であり、それが必ずしも硬貨や紙幣である必要はありません。誰もがインターネットにつながり、Web3やDeFiが叫ばれる時代にはもっといいあり方があるのではないか、それを実装できるようになりつつあるということですよね。

大きな話で言えば、中央銀行がどうあるべきかという議論にもつながります。中央銀行は分散型とは真逆なシステムなわけです。国家が権力を手放したくないように、中央集権型ではなくなるということには多くの議論が必要で、これから注目していきたいところです。

これからお金はどうなるの？

山本　お金の未来を考えてみると、分散型金融が進めば効率的になるのは明らかですよね。お金の回転スピードが劇的に変化する、もしくは、お金の処理にあたって人が介在していたところはより自動化されて速くなるでしょう。

また、エルサルバドルの例のように、これまで銀行口座を作れない人が多くて、既存の金融システムがアクセスできなかったところにもお金を届けたり取引を発生させたりすることが可能になります。中央集権型ではアクセスできなかったところにアプローチできて、いつか誰もが金融システムに参加可能になり、お金がより自由になり、社会全体とそこをめぐるお金の流れがより効率的になっていくはずです。

現状について常に健全な課題意識を持ち続けることが思わぬ改善につながります。

ジェリー　そうですね。今は効率の悪いことがたくさんありますから。金融機関の手続きだったり確定申告が必要だったりするのも面倒ですよね。

　仕事において、請求書を発行して人間がそれを確認して銀行に振り込むといった一連の流れも全部自動化できるはずです。人間が行うと請求書の数字が間違っているとか、振り込む際に入力が間違っていれば1ケタ違う金額を支払ってしまうような可能性だってあるわけですね。こうしたエラーは自動化によって激減するはずですし、人間の手間も減ります。

　多くの人が貴重な時間と労力を費やしている確定申告についても、ブロックチェーン上のデータを使って自動化できれば政府にとっても早く正しく税金を払ってもらえて、国民も確定申告の間違いなども避けられるし手間も減ります。そして税金をブロックチェーン上で源泉徴収のような形で徴収できるかもしれないですよね。

　また、ローンなどの審査についても変化していくと思います。仕事に応募するときにブロックチェーン上の履歴を見ればいいのと同じように、ローン審査においてもブロックチェーン上の資産や取引履歴などを銀行に見せればすぐに審査に通ることができるようになるのかもしれません（もちろん、ブロックチェーン系だけじゃなく、Ｗｅｂ２・０のフィンテックのさらなる進化にも期待しています）。

山本　それは理想の状態ですよね。ただ、現状は多くの人が実現可能なのかが見えていないので、理想のあり方、いわばビジョンが共有できていません。ビジョンが共有できればあとは実装するだけの状態になります。

インターネットが登場したときも株式の取引などありえないと言う人と実現できると言う人がいましたが、結局のところほとんどが電子化されたわけです。

ＤｅＦｉについても同じことです。新しい技術・ツールが出てきたときに、その未来をどう描くのか。既存の勢力、既得権益側ほど新しいものを嫌がります。特に、いわゆる経験を積んだ「専門家」と言われる人は、既存の勢力にしかいないので、専門家の意見というのは構造上既存の勢力に偏ります。なので、全くの業界外からや、既存の勢力でもまだ思考が凝り固まっていない、フラットに物事を捉え、ゼロから仕組みを理解している人からすると、来るべき未来はこうなるということが見えやすいので、最終的にはその未来に向けてじわじわ進んでいくのだと思います。

完璧なお金はまだないのだから

ジェリー　私たちが当たり前に使っている法定通貨だって、完璧ではありません。インフレの問題がありますし、歴史的にはほとんどの法定通貨は価値が大幅に下がりました。多くの国で、政府がインフレに効果的に対処できていないという批判もあります。

例えば、アメリカでは2022年3月の物価指数が前年比8・5％増で、預金だけしているアメリカの住民は1年前に比べて、資産の価値が8・5％減ったような感じです。

また、アメリカを筆頭に大きな国の政府はお金を使いすぎて、長期的に持続可能じゃないとの見方が強まっています。国債に関しても無限に増えてもいいと言う人もいれば、それでは国家財政は破綻するというスタンスの人もいます。後者については、アメリカが国債を発行しても買い手が少ない場合には、いずれは深刻な金融危機が起こりかねないというわけです。でも、ほとんどの国の政治家は長期的な問題を解決するために短期の犠牲を払おうとしないので、自然に国債やインフレの問題が悪化し続けます。

　また、現在ドルはいろんな国の中央銀行の準備金として使われているケースがありますが、それに不満を持っている国もあります。中国は人民元などで取り引きしたほうがいいと思っています。ドルは準備金として必ずしも優れているわけではありません。最近ロシアのウクライナ侵攻に関連して、ロシアが所有していたドルとユーロ建ての数十兆円相当の準備金が凍結され、準備金としてのビットコインの可能性について物議を醸しました。なので、エルサルバドルだけではなく他の国もビットコインの所有を検討しています。

　それにシンガポールやノルウェーの政府系ファンドもすでにビットコインを所有しています。各国政府が少しずつビットコインを所有するようになると、ドルとの競争になっていくのかもしれません。その先には、暗号資産のシェアが大幅に増加する未来がやってくると思います。

山本　国の資産に暗号資産が含まれるようになってきていることは注目すべきですね。そうして暗号資産のシェアが増えると、結果的にストックとしても増えていくということになりますね。

ジェリー　そうですね。現在は準備金にドルが占める割合が大きく、中国などはドル以外に多様化したいと考えている国もあります。

そこで問題になるのは、ドル以外に何を入れるかということです。ドルから分散するためにユーロを増やしたりするのですが、新型コロナショックなどでマネーストックを増やしすぎた結果、インフレ傾向にあるので、ドルもユーロも問題があるというような状況です。よりマイナーな法定通貨なら、安定性も流動性も足りません。そうなってくると、ビットコインという選択もありえるのかもしれません。

山本　シンガポール政府の資産（政府系ファンド含む）を見ていると、うまく分散化しているという感じがします。ヘッジファンドもビットコインを所有しているのは、かなり進んでいますよね。そうすると、先述のハイパービットコイン化の可能性はどうなるのでしょうか？

ジェリー　ビットコインのシェアは増えますが、世界の全てのお金がビットコインになるわけではありません。政府は権力を保持したいですし、ビットコインを使うよりは政府が発行する貨幣を国民に使わせたいのです。

無政府状態というような極端なシナリオにならない限りは、ハイパービットコイン化はたぶん起こりません。それでも、ビットコインのシェアは大幅に増えていくと思います。

山本　そうですね。動画のストリーミングサービスが出てきてもテレビ局がすぐに吹き飛ぶわけではないように、彼らは彼らで緊急速報や独自の伝手《つて》によるライブ中継など強みを持っています。法定通貨と暗号資産の関係においても、新旧のものが一定期間並存するというのが一番現実的な未来なのでしょうね。

シェアは変わりつつも、ブロックチェーン型とブロックチェーンではない型が共存し、現状も使いやすい電子マネーなどは残るでしょうし、それぞれの場面に応じて使いやすいほうを運用していくようになるのでしょう。

ジェリー　そうですね。ブロックチェーンを使わないＣＢＤＣ（中央銀行デジタル通貨）もあります（例えば、中国のＣＢＤＣはブロックチェーンを使っていません）。ブロックチェーンではない形のフィンテックの発展も期待していますし、もちろんブロックチェーン型も発展していくと思います。うまく共存して、いろんな人が両方使うことが普通になる世界になると思います。

山本　ビットコイン、ブロックチェーン、NFT、DeFiと多岐にわたって話してきましたが、一部のギークの話ではなくて、身近な生活にも国家にも大きく関係する話であることを感じてほしいです。自分だけでなく孫世代にも影響するようなことですし、激変の途上にあるお金は歴史的に見ても何百年に一度の大転換を迎えつつあり、「当たり前」が変わるという稀有《けう》な時代を生きていることは無意識では見過ごしてしまいますが、意識的に見れば個人一人ひとりがこの大変革とどのように関わり、行動していけばいいかを考える重要な局面ですね。

ジェリー　政府や巨大テック企業など中央集権的な存在が莫大な利益や権利を集める構造から転換しつつあるのは、一人ひとりにとってポジティブな話だと思います。

おわりに

最近の重大な出来事についてもう一回深く考えましょう。ロシアの数十兆円単位のドル・ユーロ建て資産も凍結され、民主主義の先進国であるカナダの平和的なデモに参加した人たちの銀行口座も凍結されました。彼らが持っていたのは、本当に「自分のお金」だったのでしょうか？　本当に「所有」していたのでしょうか？　今こそ、そういう質問を問う政府や人が多くなっており、「ノー」と結論付けかねなくなりました。彼らはそのお金に対して、主権を持っていなかったのです。

「アメリカ政府と仲いいから」とか「デモなんかしないから」と言って「自分の資産は凍結されない」という人もいます。でも、いざという時は？　10年後は？　政権や凍結の対象が変わっているかもしれない。そして、自分じゃない人が自分のお金を奪おうと思えばいつでもできるなんて、考えるだけでも嫌だ、と自然に感じませんか？

ブロックチェーン（そしてブロックチェーンが可能にする暗号資産）の発明は、インターネットの発明に匹敵するかもしれません。今まで不可能だったような経済活動や協力方法が可能になりました。非中央集権化して、主権を個人や分散組織に与えることが可能になりました。ブロックチェーンの問題点や課題がまだまだ山ほどあります。でも、凄まじい勢いで、世界中の優秀な人材が目を輝かせながらブロックチェーン・Web3業界に流れ込んでいます。

日本においても、ブロックチェーンの潜在力を大いに感じます。言語の壁、ITスキルのギャップ、そして法規制というチャレンジはありますが、豊富なコンテンツやクリエイター生態系もありますし、フィンテックも進化していますし、スタートアップ生態系の活性化や大企業のDXへの挑戦というトレンドも強いです。NFTなどを促進したい政治家もいますし、法規制も改善するでしょう。そのような要因で、日本でも多くの人はブロックチェーンや暗号資産のプロジェクトに貢献したり、ユーザーとして使ったりすることになるでしょう。

手続きや仲介手数料が減る。お金が回るスピードが上がる。給料がすぐに支払われるようになる。ゲームで遊びながら稼ぐことができる。匿名でも信頼し合うことができる。信頼しなくても価値のあるものの取引ができる。

これまでの常識が良い方向に書き換えられようとしているのです。この本を通じて、できるだけ多くの人に暗号資産やブロックチェーン技術が生み出す未来の可能性を感じてほしいですし、実際に体験してみるきっかけになれば嬉しいです。

ジェリー・チー

本書のご感想や建設的なご意見などはＱＲコードもしくは
yamamototech2020@gmail.com までお送りいただけましたら幸いです。

巻末資料

■ビットコイン（ＢＴＣ）やイーサ（ＥＴＨ）の購入方法

①取引所（ビットフライヤーやＧＭＯコイン）で口座を開設
②銀行振り込みなどで入金
③サイトの案内に従って購入
　ビットフライヤー：https://bitflyer.com/ja-jp/faq/trade_bitcoin
　ＧＭＯコイン　　：https://support.coin.z.com/hc

■ＮＦＴの購入方法（参考サイト）

・【２０２２年最新】ＮＦＴの買い方とは？　購入できるサイトや買う際の注意点を解説！　（https://www.maneo.jp/media/cr-nft-buy/）
・【Polygon編】OpenSeaでＮＦＴを購入する手順とガス代　（https://nochihareblog.com/opensea-buying-polygon/）

■暗号資産インフルエンサーのツイッターアカウント

・岡部典孝氏（ＪＰＹＣ株式会社代表取締役）：
https://twitter.com/noritaka_okabe

・渡辺創太氏（日本発パブリックブロックチェーン「Astar Network」の開発を主導するステイクテクノロジーズＣＥＯ。日本ブロックチェーン協会理事）：
https://twitter.com/sota_web3

・藤本真衣氏（ミスビットコイン。株式会社グラコネ代表取締役）：
https://twitter.com/missbitcoin_mai

・吉田世博氏（株式会社HashPort代表取締役ＣＥＯ。日本初のＩＥＯ（暗号資産の上場）を実施したＮＦＴ特化ブロックチェーン「パレット」を開発・運営）：
https://twitter.com/seihakuyoshida

・Joe Takayama氏（元トレーダー。暗号資産ユーチューバー）：
https://twitter.com/TakayamaJoe

・CRYPTO TIMES（ブロックチェーン・暗号資産に関する総合メディア）：
https://twitter.com/cryptotimes_mag

■暗号資産関連のDiscord（チャットアプリ）サーバー（チャットルームのこと）

・Discordのダウンロード ＵＲＬ

https://discord.com/download

・Yield Farming Lab（ＤｅＦｉなど様々なトピックを話し合える）

https://discord.gg/MhUcWhkzGs

・NFTJPN（主にＮＦＴについて話し合える）

https://discord.gg/CXcqwqDRUK

講談社現代新書　2662

お金《かね》の未来《みらい》

二〇二二年五月二〇日第一刷発行

著　者　山本《やまもと》康正《やすまさ》　ジェリー・チー

発行者　鈴木章一
発行所　株式会社講談社
東京都文京区音羽二丁目一二―二一　郵便番号一一二―八〇〇一
電　話　〇三―五三九五―三五二一　編集（現代新書）
〇三―五三九五―四四一五　販売
〇三―五三九五―三六一五　業務
装幀者　中島英樹
印刷所　株式会社ＫＰＳプロダクツ
製本所　株式会社国宝社
定価はカバーに表示してあります　Printed in Japan

N.D.C. 337　165p　18cm
ISBN978-4-06-528297-7

「講談社現代新書」の刊行にあたって

教養は万人が身をもって養い創造すべきものであって、一部の専門家の占有物として、ただ一方的に人々の手もとに配布され伝達されうるものではありません。

しかし、不幸にしてわが国の現状では、教養の重要な養いとなるべき書物は、ほとんど講壇からの天下りや単なる解説に終始し、知識技術を真剣に希求する青少年・学生・一般民衆の根本的な疑問や興味は、けっして十分に答えられ、解きほぐされ、手引きされることがありません。万人の内奥から発した真正の教養への芽ばえが、こうして放置され、むなしく滅びさる運命にゆだねられているのです。

このことは、中・高校だけで教育をおわる人々の成長をはばんでいるだけでなく、大学に進んだり、インテリと目されたりする人々の精神力の健康さえもむしばみ、わが国の文化の実質をまことに脆弱なものにしています。単なる博識以上の根強い思索力・判断力、および確かな技術にささえられた教養を必要とする日本の将来にとって、これは真剣に憂慮されなければならない事態であるといわなければなりません。

わたしたちの「講談社現代新書」は、この事態の克服を意図して計画されたものです。これによってわたしたちは、講壇からの天下りでもなく、単なる解説書でもない、もっぱら万人の魂に生ずる初発的かつ根本的な問題をとらえ、掘り起こし、手引きし、しかも最新の知識への展望を万人に確立させる書物を、新しく世の中に送り出したいと念願しています。

わたしたちは、創業以来民衆を対象とする啓蒙の仕事に専心してきた講談社にとって、これこそもっともふさわしい課題であり、伝統ある出版社としての義務でもあると考えているのです。

一九六四年四月　野間省一